T&P BOOKS

CHECO
VOCABULÁRIO

PORTUGUÊS CHECO

Para alargar o seu léxico e apurar
as suas competências linguísticas

3000 palavras

Vocabulário Português-Checo - 3000 palavras

Por Andrey Taranov

Os vocabulários da T&P Books destinam-se a ajudar a aprender, a memorizar, e a rever palavras estrangeiras. O dicionário é dividido em temas, cobrindo todas as principais esferas de atividades quotidianas, negócios, ciência, cultura, etc.

O processo de aprendizagem, utilizando os dicionários baseados em temáticas da T&P Books dá-lhe as seguintes vantagens:

- Informação de origem corretamente agrupada predetermina o sucesso em fases subsequentes da memorização de palavras
- Disponibilização de palavras derivadas da mesma raiz, o que permite a memorização de unidades de texto (em vez de palavras separadas)
- Pequenas unidades de palavras facilitam o processo de estabelecimento de vínculos associativos necessários para a consolidação do vocabulário
- O nível de conhecimento da língua pode ser estimado pelo número de palavras aprendidas

T&P Books Publishing
www.tpbooks.com

ISBN: 978-1-78400-971-7

Este livro também está disponível em formato E-book.
Por favor visite www.tpbooks.com ou as principais livrarias on-line.

VOCABULÁRIO CHECO
palavras mais úteis

Os vocabulários da T&P Books destinam-se a ajudar a aprender, a memorizar, e a rever palavras estrangeiras. O vocabulário contém mais de 3000 palavras de uso comum organizadas tematicamente.

O vocabulário contém as palavras mais comummente usadas
Recomendado como adicional para qualquer curso de línguas
Satisfaz as necessidades dos iniciados e dos alunos avançados de línguas estrangeiras
Conveniente para o uso diário, sessões de revisão e atividades de auto-teste
Permite avaliar o seu vocabulário

Características especias do vocabulário

- As palavras estão organizadas de acordo com o seu significado, e não por ordem alfabética
- As palavras são apresentadas em três colunas para facilitar os processos de revisão e auto-teste
- As palavras compostas são divididas em pequenos blocos para facilitar o processo de aprendizagem
- O vocabulário oferece uma transcrição simples e adequada de cada palavra estrangeira

O vocabulário contém 101 tópicos incluindo:

Conceitos básicos, Números, Cores, Meses, Estações do ano, Unidades de medida, Roupas & Acessórios, Alimentos & Nutrição, Restaurante, Membros da Família, Parentes, Caráter, Sentimentos, Emoções, Doenças, Cidade, Passeios, Compras, Dinheiro, Casa, Lar, Escritório, Trabalho no Escritório, Importação & Exportação, Marketing, Pesquisa de Emprego, Desportos, Educação, Computador, Internet, Ferramentas, Natureza, Países, Nacionalidades e muito mais ...

TABELA DE CONTEÚDOS

GUIA DE PRONUNCIAÇÃO

Alfabeto fonético T&P	Exemplo Checo	Exemplo Português
[a]	lavina [lavɪna]	chamar
[aː]	banán [banaːn]	rapaz
[e]	beseda [bɛsɛda]	metal
[ɛː]	chléb [xlɛːp]	plateia
[ɪ]	Bible [bɪblɛ]	sinónimo
[iː]	chudý [xudiː]	cair
[o]	epocha [ɛpoxa]	lobo
[oː]	diagnóza [dɪagnoːza]	albatroz
[u]	dokument [dokumɛnt]	bonita
[uː]	chůva [xuːva]	blusa
[b]	babička [babɪʧka]	barril
[ʦ]	celnice [ʦɛlnɪʦɛ]	tsé-tsé
[ʧ]	vlčák [vlʧaːk]	Tchau!
[x]	archeologie [arxɛologɪe]	fricativa uvular surda
[d]	delfín [dɛlfiːn]	dentista
[dʲ]	Holanďan [holandʲan]	adiar
[f]	atmosféra [atmosfɛːra]	safári
[g]	galaxie [galaksɪe]	gosto
[h]	knihovna [knɪhovna]	[h] aspirada
[j]	jídlo [jiːdlo]	géiser
[k]	zaplakat [zaplakat]	kiwi
[l]	chlapec [xlapɛʦ]	libra
[m]	modelář [modɛlaːrʃ]	magnólia
[n]	imunita [ɪmunɪta]	natureza
[nʲ]	báseň [baːsɛnʲ]	ninhada
[ŋk]	vstupenka [vstupɛŋka]	alavanca
[p]	poločas [poloʧas]	presente
[r]	senátor [sɛnaːtor]	riscar
[rʒ], [rʃ]	bouřka [bourʃka]	voz
[s]	svoboda [svoboda]	sanita
[ʃ]	šiška [ʃɪʃka]	mês
[t]	turista [turɪsta]	tulipa
[tʲ]	poušť [pouʃtʲ]	sitiar
[v]	veverka [vɛvɛrka]	fava
[z]	zapomínat [zapomiːnat]	sésamo
[ʒ]	ložisko [loʒɪsko]	talvez

ABREVIATURAS
usadas no vocabulário

Abreviaturas do Português

adj	-	adjetivo
adv	-	advérbio
anim.	-	animado
conj.	-	conjunção
desp.	-	desporto
etc.	-	etecetra
ex.	-	por exemplo
f	-	nome feminino
f pl	-	feminino plural
fem.	-	feminino
inanim.	-	inanimado
m	-	nome masculino
m pl	-	masculino plural
m, f	-	masculino, feminino
masc.	-	masculino
mat.	-	matemática
mil.	-	militar
pl	-	plural
prep.	-	preposição
pron.	-	pronome
sb.	-	sobre
sing.	-	singular
v aux	-	verbo auxiliar
vi	-	verbo intransitivo
vi, vt	-	verbo intransitivo, transitivo
vr	-	verbo reflexivo
vt	-	verbo transitivo

Abreviaturas do Checo

ž	-	nome feminino
ž mn	-	feminino plural
m	-	nome masculino
m mn	-	masculino plural
m, ž	-	masculino, feminino
mn	-	plural
s	-	neutro
s mn	-	neutro plural

CONCEITOS BÁSICOS

1. Pronomes

eu	já	[ja:]
tu	ty	[tɪ]
ele	on	[on]
ela	ona	[ona]
nós	my	[mɪ]
vocês	vy	[vɪ]
eles, elas (inanim.)	ony	[onɪ]
eles, elas (anim.)	oni	[onɪ]

2. Cumprimentos. Saudações

Olá!	Dobrý den!	[dobri: dɛn]
Bom dia! (formal)	Dobrý den!	[dobri: dɛn]
Bom dia! (de manhã)	Dobré jitro!	[dobrɛ; jɪtro]
Boa tarde!	Dobrý den!	[dobri: dɛn]
Boa noite!	Dobrý večer!	[dobri: vɛtʃɛr]
cumprimentar (vt)	zdravit	[zdravɪt]
Olá!	Ahoj!	[ahoj]
saudação (f)	pozdrav (m)	[pozdraf]
saudar (vt)	zdravit	[zdravɪt]
Como vai?	Jak se máte?	[jak sɛ ma:tɛ]
O que há de novo?	Co je nového?	[ʦo jɛ novɛ:ho]
Até à vista!	Na shledanou!	[na sxlɛdanou]
Até breve!	Brzy na shledanou!	[brzɪ na sxlɛdanou]
Adeus!	Sbohem!	[zbohɛm]
despedir-se (vr)	loučit se	[loutʃɪt sɛ]
Até logo!	Ahoj!	[ahoj]
Obrigado! -a!	Děkuji!	[dekujɪ]
Muito obrigado! -a!	Děkuji mnohokrát!	[dekujɪ mnohokra:t]
De nada	Prosím	[prosi:m]
Não tem de quê	Nemoci se dočkat	[nɛmoʦɪ sɛ dotʃkat]
De nada	Není zač	[nɛni: zatʃ]
Desculpa!	Promiň!	[promɪnʲ]
Desculpe!	Promiňte!	[promɪnʲtɛ]
desculpar (vt)	omlouvat	[omlouvat]
desculpar-se (vr)	omlouvat se	[omlouvat sɛ]
As minhas desculpas	Má soustrast	[ma: soustrast]

Desculpe!	**Promiňte!**	[promɪnⁱtɛ]
perdoar (vt)	**omlouvat**	[omlouvat]
por favor	**prosím**	[prosi:m]

Não se esqueça!	**Nezapomeňte!**	[nɛzapomɛnⁱtɛ]
Certamente! Claro!	**Jistě!**	[jɪste]
Claro que não!	**Rozhodně ne!**	[rozhodne nɛ]
Está bem! De acordo!	**Souhlasím!**	[souhlasi:m]
Basta!	**Dost!**	[dost]

3. Questões

Quem?	**Kdo?**	[gdo]
Que?	**Co?**	[ʦo]
Onde?	**Kde?**	[gdɛ]
Para onde?	**Kam?**	[kam]
De onde?	**Odkud?**	[otkut]
Quando?	**Kdy?**	[gdɪ]
Para quê?	**Proč?**	[proʧ]
Porquê?	**Proč?**	[proʧ]

Para quê?	**Na co?**	[na ʦo]
Como?	**Jak?**	[jak]
Qual?	**Jaký?**	[jaki:]
Qual? (entre dois ou mais)	**Který?**	[ktɛri:]

A quem?	**Komu?**	[komu]
Sobre quem?	**O kom?**	[o kom]
Do quê?	**O čem?**	[o ʧɛm]
Com quem?	**S kým?**	[s ki:m]

Quanto, -os, -as?	**Kolik?**	[kolɪk]
De quem? (masc.)	**Čí?**	[ʧi:]

4. Preposições

com (prep.)	**s, se**	[s], [sɛ]
sem (prep.)	**bez**	[bɛz]
a, para (exprime lugar)	**do**	[do]
sobre (ex. falar ~)	**o**	[o]
antes de ...	**před**	[prʃɛt]
diante de ...	**před**	[prʃɛt]

sob (debaixo de)	**pod**	[pot]
sobre (em cima de)	**nad**	[nat]
sobre (~ a mesa)	**na**	[na]

de (vir ~ Lisboa)	**z**	[z]
de (feito ~ pedra)	**z**	[z]

dentro de (~ dez minutos)	**za**	[za]
por cima de ...	**přes**	[prʃɛs]

5. Palavras funcionais. Advérbios. Parte 1

Onde?	Kde?	[gdɛ]
aqui	zde	[zdɛ]
lá, ali	tam	[tam]

em algum lugar	někde	[negdɛ]
em lugar nenhum	nikde	[nɪgdɛ]

ao pé de ...	u ...	[u]
ao pé da janela	u okna	[u okna]

Para onde?	Kam?	[kam]
para cá	sem	[sɛm]
para lá	tam	[tam]
daqui	odsud	[otsut]
de lá, dali	odtamtud	[odtamtut]

perto	blízko	[bliːsko]
longe	daleko	[dalɛko]

perto de ...	kolem	[kolɛm]
ao lado de	poblíž	[pobliːʒ]
perto, não fica longe	nedaleko	[nɛdalɛko]

esquerdo	levý	[lɛviː]
à esquerda	zleva	[zlɛva]
para esquerda	vlevo	[vlɛvo]

direito	pravý	[praviː]
à direita	zprava	[sprava]
para direita	vpravo	[vpravo]

à frente	zpředu	[sprʃɛdu]
da frente	přední	[prʃɛdniː]
em frente (para a frente)	vpřed	[vprʃɛt]

atrás de ...	za	[za]
por detrás (vir ~)	zezadu	[zɛzadu]
para trás	zpět	[spet]

meio (m), metade (f)	střed (m)	[strʃɛt]
no meio	uprostřed	[uprostrʃɛt]

de lado	z boku	[z boku]
em todo lugar	všude	[vʃudɛ]
ao redor (olhar ~)	kolem	[kolɛm]

de dentro	zevnitř	[zɛvnɪtrʃ]
para algum lugar	někam	[nekam]
diretamente	přímo	[prʃiːmo]
de volta	zpět	[spet]

de algum lugar	odněkud	[odnekut]
de um lugar	odněkud	[odnekut]

em primeiro lugar	za prvé	[za prvɛ:]
em segundo lugar	za druhé	[za druhɛ:]
em terceiro lugar	za třetí	[za trʃɛti:]

de repente	najednou	[najɛdnou]
no início	zpočátku	[spotʃa:tku]
pela primeira vez	poprvé	[poprvɛ:]
muito antes de ...	dávno před ...	[da:vno prʃɛt]
de novo, novamente	znovu	[znovu]
para sempre	navždy	[navʒdɪ]

nunca	nikdy	[nɪgdɪ]
de novo	opět	[opet]
agora	nyní	[nɪni:]
frequentemente	často	[tʃasto]
então	tehdy	[tɛhdɪ]
urgentemente	neodkladně	[nɛotkladne]
usualmente	obyčejně	[obɪtʃɛjne]

a propósito, ...	mimochodem	[mɪmoxodɛm]
é possível	možná	[moʒna:]
provavelmente	asi	[asɪ]
talvez	možná	[moʒna:]
além disso, ...	kromě toho ...	[kromne toho]
por isso ...	proto ...	[proto]
apesar de ...	nehledě na ...	[nɛhlɛde na]
graças a ...	díky ...	[di:kɪ]

que (pron.)	co	[tso]
que (conj.)	že	[ʒe]
algo	něco	[netso]
alguma coisa	něco	[netso]
nada	nic	[nɪts]

quem	kdo	[gdo]
alguém (~ teve uma ideia ...)	někdo	[negdo]
alguém	někdo	[negdo]

ninguém	nikdo	[nɪgdo]
para lugar nenhum	nikam	[nɪkam]
de ninguém	ničí	[nɪtʃi:]
de alguém	něčí	[netʃi:]

tão	tak	[tak]
também (gostaria ~ de ...)	také	[takɛ:]
também (~ eu)	také	[takɛ:]

6. Palavras funcionais. Advérbios. Parte 2

Porquê?	Proč?	[protʃ]
por alguma razão	z nějakých důvodů	[z nejaki:x du:vodu:]
porque ...	protože ...	[protoʒe]
por qualquer razão	z nějakých důvodů	[z nejaki:x du:vodu:]
e (tu ~ eu)	a	[a]

ou (ser ~ não ser)	nebo	[nɛbo]
mas (porém)	ale	[alɛ]
para (~ a minha mãe)	pro	[pro]

demasiado, muito	příliš	[prʃiːlɪʃ]
só, somente	jenom	[jɛnom]
exatamente	přesně	[prʃɛsne]
cerca de (~ 10 kg)	kolem	[kolɛm]

aproximadamente	přibližně	[prʃɪblɪʒne]
aproximado	přibližný	[prʃɪblɪʒniː]
quase	skoro	[skoro]
resto (m)	zbytek (m)	[zbɪtɛk]

cada	každý	[kaʒdiː]
qualquer	každý	[kaʒdiː]
muito	mnoho	[mnoho]
muitas pessoas	mnozí	[mnoziː]
todos	všichni	[vʃɪxnɪ]

em troca de ...	výměnou za ...	[viːmnenou za]
em troca	místo	[miːsto]
à mão	ručně	[rutʃne]
pouco provável	sotva	[sotva]

provavelmente	asi	[asɪ]
de propósito	schválně	[sxvaːlne]
por acidente	náhodou	[naːhodou]

muito	velmi	[vɛlmɪ]
por exemplo	například	[naprʃiːklat]
entre	mezi	[mɛzɪ]
entre (no meio de)	mezi	[mɛzɪ]
tanto	tolik	[tolɪk]
especialmente	zejména	[zɛjmɛːna]

NÚMEROS. DIVERSOS

7. Números cardinais. Parte 1

zero	nula (ż)	[nula]
um	jeden	[jɛdɛn]
dois	dva	[dva]
três	tři	[trʃɪ]
quatro	čtyři	[ʧtɪrʒɪ]
cinco	pět	[pet]
seis	šest	[ʃɛst]
sete	sedm	[sɛdm]
oito	osm	[osm]
nove	devět	[dɛvet]
dez	deset	[dɛsɛt]
onze	jedenáct	[jɛdɛnaːʦt]
doze	dvanáct	[dvanaːʦt]
treze	třináct	[trʃɪnaːʦt]
catorze	čtrnáct	[ʧtrnaːʦt]
quinze	patnáct	[patnaːʦt]
dezasseis	šestnáct	[ʃɛstnaːʦt]
dezassete	sedmnáct	[sɛdmnaːʦt]
dezoito	osmnáct	[osmnaːʦt]
dezanove	devatenáct	[dɛvatɛnaːʦt]
vinte	dvacet	[dvaʦɛt]
vinte e um	dvacet jeden	[dvaʦɛt jɛdɛn]
vinte e dois	dvacet dva	[dvaʦɛt dva]
vinte e três	dvacet tři	[dvaʦɛt trʃɪ]
trinta	třicet	[trʃɪʦɛt]
trinta e um	třicet jeden	[trʃɪʦɛt jɛdɛn]
trinta e dois	třicet dva	[trʃɪʦɛt dva]
trinta e três	třicet tři	[trʃɪʦɛt trʃɪ]
quarenta	čtyřicet	[ʧtɪrʒɪʦɛt]
quarenta e um	čtyřicet jeden	[ʧtɪrʒɪʦɛt jɛdɛn]
quarenta e dois	čtyřicet dva	[ʧtɪrʒɪʦɛt dva]
quarenta e três	čtyřicet tři	[ʧtɪrʒɪʦɛt trʃɪ]
cinquenta	padesát	[padesaːt
cinquenta e um	padesát jeden	[padesaːt jɛdɛn]
cinquenta e dois	padesát dva	[padesaːt dva]
cinquenta e três	padesát tři	[padesaːt trʃɪ]
sessenta	šedesát	[ʃɛdɛsaːt
sessenta e um	šedesát jeden	[ʃɛdɛsaːt jɛdɛn]

| sessenta e dois | šedesát dva | [ʃɛdɛsaːt dva] |
| sessenta e três | šedesát tři | [ʃɛdɛsaːt trʃɪ] |

setenta	sedmdesát	[sɛdmdɛsaːt
setenta e um	sedmdesát jeden	[sɛdmdɛsaːt jɛdɛn]
setenta e dois	sedmdesát dva	[sɛdmdɛsaːt dva]
setenta e três	sedmdesát tři	[sɛdmdɛsaːt trʃɪ]

oitenta	osmdesát	[osmdɛsaːt
oitenta e um	osmdesát jeden	[osmdɛsaːt jɛdɛn]
oitenta e dois	osmdesát dva	[osmdɛsaːt dva]
oitenta e três	osmdesát tři	[osmdɛsaːt trʃɪ]

noventa	devadesát	[dɛvadɛsaːt
noventa e um	devadesát jeden	[dɛvadɛsaːt jɛdɛn]
noventa e dois	devadesát dva	[dɛvadɛsaːt dva]
noventa e três	devadesát tři	[dɛvadɛsaːt trʃɪ]

8. Números cardinais. Parte 2

cem	sto	[sto]
duzentos	dvě stě	[dve ste]
trezentos	tři sta	[trʃɪ sta]
quatrocentos	čtyři sta	[ʧtɪrʒɪ sta]
quinhentos	pět set	[pet sɛt]

seiscentos	šest set	[ʃest sɛt]
setecentos	sedm set	[sɛdm sɛt]
oitocentos	osm set	[osm sɛt]
novecentos	devět set	[dɛvet sɛt]

mil	tisíc (m)	[tɪsiːʦ]
dois mil	dva tisíce	[dva tɪsiːʦɛ]
De quem são ...?	tři tisíce	[trʃɪ tɪsiːʦɛ]
dez mil	deset tisíc	[dɛsɛt tɪsiːʦ]
cem mil	sto tisíc	[sto tɪsiːʦ]
um milhão	milión (m)	[mɪlɪoːn]
mil milhões	miliarda (ž)	[mɪlɪarda]

9. Números ordinais

primeiro	první	[prvniː]
segundo	druhý	[druhiː]
terceiro	třetí	[trʃɛtiː]
quarto	čtvrtý	[ʧtvrtiː]
quinto	pátý	[paːtiː]

sexto	šestý	[ʃestiː]
sétimo	sedmý	[sɛdmiː]
oitavo	osmý	[osmiː]
nono	devátý	[dɛvaːtiː]
décimo	desátý	[dɛsaːtiː]

CORES. UNIDADES DE MEDIDA

10. Cores

cor (f)	barva (ž)	[barva]
matiz (m)	odstín (m)	[otsti:n]
tom (m)	tón (m)	[to:n]
arco-íris (m)	duha (ž)	[duha]
branco	bílý	[bi:li:]
preto	černý	[ʧɛrni:]
cinzento	šedý	[ʃɛdi:]
verde	zelený	[zɛlɛni:]
amarelo	žlutý	[ʒluti:]
vermelho	červený	[ʧɛrvɛni:]
azul	modrý	[modri:]
azul claro	bledě modrý	[blɛde modri:]
rosa	růžový	[ru:ʒovi:]
laranja	oranžový	[oranʒovi:]
violeta	fialový	[fɪalovi:]
castanho	hnědý	[hnedi:]
dourado	zlatý	[zlati:]
prateado	stříbřitý	[strʃi:brʒɪti:]
bege	béžový	[bɛ:ʒovi:]
creme	krémový	[krɛ:movi:]
turquesa	tyrkysový	[tɪrkɪsovi:]
vermelho cereja	višňový	[vɪʃɲovi:]
lilás	lila	[lɪla]
carmesim	malinový	[malɪnovi:]
claro	světlý	[svetli:]
escuro	tmavý	[tmavi:]
vivo	jasný	[jasni:]
de cor	barevný	[barɛvni:]
a cores	barevný	[barɛvni:]
preto e branco	černobílý	[ʧɛrnobi:li:]
unicolor	jednobarevný	[jɛdnobarɛvni:]
multicor	různobarevný	[ru:znobarɛvni:]

11. Unidades de medida

peso (m)	váha (ž)	[va:ha]
comprimento (m)	délka (ž)	[dɛ:lka]

largura (f)	šířka (ž)	[ʃi:rʃka]
altura (f)	výška (ž)	[vi:ʃka]
profundidade (f)	hloubka (ž)	[hloupka]
volume (m)	objem (m)	[objɛm]
área (f)	plocha (ž)	[ploxa]

grama (m)	gram (m)	[gram]
miligrama (m)	miligram (m)	[mɪlɪgram]
quilograma (m)	kilogram (m)	[kɪlogram]
tonelada (f)	tuna (ž)	[tuna]
libra (453,6 gramas)	libra (ž)	[lɪbra]
onça (f)	unce (ž)	[untsɛ]

metro (m)	metr (m)	[mɛtr]
milímetro (m)	milimetr (m)	[mɪlɪmɛtr]
centímetro (m)	centimetr (m)	[tsɛntɪmɛtr]
quilómetro (m)	kilometr (m)	[kɪlomɛtr]
milha (f)	míle (ž)	[mi:lɛ]

polegada (f)	coul (m)	[tsoul]
pé (304,74 mm)	stopa (ž)	[stopa]
jarda (914,383 mm)	yard (m)	[jart]

| metro (m) quadrado | čtvereční metr (m) | [tʃtvɛrɛtʃni: mɛtr] |
| hectare (m) | hektar (m) | [hɛktar] |

litro (m)	litr (m)	[lɪtr]
grau (m)	stupeň (m)	[stupɛnʲ]
volt (m)	volt (m)	[volt]
ampere (m)	ampér (m)	[ampɛ:r]
cavalo-vapor (m)	koňská síla (ž)	[konʲska: si:la]

quantidade (f)	množství (s)	[mnoʒstvi:]
um pouco de …	trochu …	[troxu]
metade (f)	polovina (ž)	[polovɪna]
dúzia (f)	tucet (m)	[tutsɛt]
peça (f)	kus (m)	[kus]

| dimensão (f) | rozměr (m) | [rozmner] |
| escala (f) | měřítko (s) | [mnerʒi:tko] |

mínimo	minimální	[mɪnɪma:lni:]
menor, mais pequeno	nejmenší	[nɛjmɛnʃi:]
médio	střední	[strʃedni:]
máximo	maximální	[maksɪma:lni:]
maior, mais grande	největší	[nɛjvetʃi:]

12. Recipientes

boião (m) de vidro	sklenice (ž)	[sklɛnɪtsɛ]
lata (~ de cerveja)	plechovka (ž)	[plɛxofka]
balde (m)	vědro (s)	[vedro]
barril (m)	sud (m)	[sut]
bacia (~ de plástico)	mísa (ž)	[mi:sa]

tanque (m)	nádrž (ž)	[naːdrʃ]
cantil (m) de bolso	plochá láhev (ž)	[ploxa: laːgɛf]
bidão (m) de gasolina	kanystr (m)	[kanɪstr]
cisterna (f)	cisterna (ž)	[tsɪstɛrna]
caneca (f)	hrníček (m)	[hrniːtʃɛk]
chávena (f)	šálek (m)	[ʃaːlɛk]
pires (m)	talířek (m)	[taliːrʒɛk]
copo (m)	sklenice (ž)	[sklɛnɪtsɛ]
taça (f) de vinho	sklenka (ž)	[sklɛŋka]
panela, caçarola (f)	hrnec (m)	[hrnɛts]
garrafa (f)	láhev (ž)	[laːhɛf]
gargalo (m)	hrdlo (s)	[hrdlo]
jarro, garrafa (f)	karafa (ž)	[karafa]
jarro (m) de barro	džbán (m)	[dʒbaːn]
recipiente (m)	nádoba (ž)	[naːdoba]
pote (m)	hrnec (m)	[hrnɛts]
vaso (m)	váza (ž)	[vaːza]
frasco (~ de perfume)	flakón (m)	[flakoːn]
frasquinho (ex. ~ de iodo)	lahvička (ž)	[lahvɪtʃka]
tubo (~ de pasta dentífrica)	tuba (ž)	[tuba]
saca (ex. ~ de açúcar)	pytel (m)	[pɪtɛl]
saco (~ de plástico)	sáček (m)	[saːtʃɛk]
maço (m)	balíček (m)	[baliːtʃɛk]
caixa (~ de sapatos, etc.)	krabice (ž)	[krabɪtsɛ]
caixa (~ de madeira)	schránka (ž)	[sxraːŋka]
cesta (f)	koš (m)	[koʃ]

VERBOS PRINCIPAIS

13. Os verbos mais importantes. Parte 1

abrir (vt)	otvírat	[otvi:rat]
acabar, terminar (vt)	končit	[kontʃɪt]
aconselhar (vt)	radit	[radɪt]
adivinhar (vt)	rozluštit	[rozluʃtɪt]
advertir (vt)	upozorňovat	[upozorňovat]
ajudar (vt)	pomáhat	[poma:hat]
almoçar (vi)	obědvat	[obedvat]
alugar (~ um apartamento)	pronajímat si	[pronaji:mat sɪ]
amar (vt)	milovat	[mɪlovat]
ameaçar (vt)	vyhrožovat	[vɪhroʒovat]
anotar (escrever)	zapisovat si	[zapɪsovat sɪ]
apressar-se (vr)	spěchat	[spexat]
arrepender-se (vr)	litovat	[lɪtovat]
assinar (vt)	podepisovat	[podɛpɪsovat]
atirar, disparar (vi)	střílet	[strʃi:lɛt]
brincar (vi)	žertovat	[ʒertovat]
brincar, jogar (crianças)	hrát	[hra:t]
buscar (vt)	hledat	[hlɛdat]
caçar (vi)	lovit	[lovɪt]
cair (vi)	padat	[padat]
cavar (vt)	rýt	[ri:t]
cessar (vt)	zastavovat	[zastavovat]
chamar (~ por socorro)	volat	[volat]
chegar (vi)	přijíždět	[prʃɪji:ʒdet]
chorar (vi)	plakat	[plakat]
começar (vt)	začínat	[zatʃi:nat]
comparar (vt)	porovnávat	[porovna:vat]
compreender (vt)	rozumět	[rozumnet]
concordar (vi)	souhlasit	[souhlasɪt]
confiar (vt)	důvěřovat	[du:verʒovat]
confundir (equivocar-se)	plést	[plɛ:st]
conhecer (vt)	znát	[zna:t]
contar (fazer contas)	počítat	[potʃi:tat]
contar com (esperar)	spoléhat na ...	[spolɛ:hat na]
continuar (vt)	pokračovat	[pokratʃovat]
controlar (vt)	kontrolovat	[kontrolovat]
convidar (vt)	zvát	[zva:t]
correr (vi)	běžet	[beʒet]
criar (vt)	vytvořit	[vɪtvorʒɪt]
custar (vt)	stát	[sta:t]

14. Os verbos mais importantes. Parte 2

dar (vt)	dávat	[da:vat]
dar uma dica	narážet	[nara:ʒet]
decorar (enfeitar)	zdobit	[zdobɪt]
defender (vt)	bránit	[bra:nɪt]
deixar cair (vt)	pouštět	[pouʃtet]
descer (para baixo)	jít dolů	[ji:t dolu:]
desculpar-se (vr)	omlouvat se	[omlouvat sɛ]
dirigir (~ uma empresa)	řídit	[rʒi:dɪt]
discutir (notícias, etc.)	projednávat	[projɛdna:vat]
dizer (vt)	říci	[rʒi:ʦɪ]
duvidar (vt)	pochybovat	[poxɪbovat]
encontrar (achar)	nacházet	[naxa:zɛt]
enganar (vt)	podvádět	[podva:det]
entrar (na sala, etc.)	vcházet	[vxa:zet]
enviar (uma carta)	odesílat	[odɛsi:lat]
errar (equivocar-se)	mýlit se	[mi:lɪt sɛ]
escolher (vt)	vybírat	[vɪbi:rat]
esconder (vt)	schovávat	[sxova:vat]
escrever (vt)	psát	[psa:t]
esperar (o autocarro, etc.)	čekat	[ʧɛkat]
esperar (ter esperança)	doufat	[doufat]
esquecer (vt)	zapomínat	[zapomi:nat]
estudar (vt)	studovat	[studovat]
exigir (vt)	žádat	[ʒa:dat]
existir (vi)	existovat	[ɛgzɪstovat]
explicar (vt)	vysvětlovat	[vɪsvetlovat]
falar (vi)	mluvit	[mluvɪt]
faltar (clases, etc.)	zameškávat	[zameʃka:vat]
fazer (vt)	dělat	[delat]
ficar em silêncio	mlčet	[mlʧɛt]
gabar-se, jactar-se (vr)	vychloubat se	[vɪxloubat sɛ]
gostar (apreciar)	líbit se	[li:bɪt sɛ]
gritar (vi)	křičet	[krʃɪʧɛt]
guardar (cartas, etc.)	zachovávat	[zaxova:vat]
informar (vt)	informovat	[ɪnformovat]
insistir (vi)	trvat	[trvat]
insultar (vt)	urážet	[ura:ʒet]
interessar-se (vr)	zajímat se	[zaji:mat sɛ]
ir (a pé)	jít	[ji:t]
ir nadar	koupat se	[koupat sɛ]
jantar (vi)	večeřet	[vɛʧerʒɛt]

15. Os verbos mais importantes. Parte 3

ler (vt)	číst	[ʧi:st]
libertar (cidade, etc.)	osvobozovat	[osvobozovat]

matar (vt)	zabíjet	[zabi:jɛt]
mencionar (vt)	zmiňovat se	[zmɪnʲovat sɛ]
mostrar (vt)	ukazovat	[ukazovat]

mudar (modificar)	změnit	[zmnenɪt]
nadar (vi)	plavat	[plavat]
negar-se a ...	odmítat	[odmi:tat]
objetar (vt)	namítat	[nami:tat]

observar (vt)	pozorovat	[pozorovat]
ordenar (mil.)	rozkazovat	[roskazovat]
ouvir (vt)	slyšet	[slɪʃɛt]
pagar (vt)	platit	[platɪt]
parar (vi)	zastavovat se	[zastavovat sɛ]

participar (vi)	zúčastnit se	[zu:ʧastnɪt sɛ]
pedir (comida)	objednávat	[objɛdna:vat]
pedir (um favor, etc.)	prosit	[prosɪt]
pegar (tomar)	brát	[bra:t]
pensar (vt)	myslit	[mɪslɪt]

perceber (ver)	všímat si	[vʃi:mat sɪ]
perdoar (vt)	odpouštět	[otpouʃtet]
perguntar (vt)	ptát se	[pta:t sɛ]
permitir (vt)	dovolovat	[dovolovat]
pertencer a ...	patřit	[patrʃɪt]

planear (vt)	plánovat	[pla:novat]
poder (vi)	moci	[moʦɪ]
possuir (vt)	vlastnit	[vlastnɪt]
preferir (vt)	dávat přednost	[da:vat prʃɛdnost]
preparar (vt)	vařit	[varʒɪt]

prever (vt)	předvídat	[prʃɛdvi:dat]
prometer (vt)	slibovat	[slɪbovat]
pronunciar (vt)	vyslovovat	[vɪslovovat]
propor (vt)	nabízet	[nabi:zɛt]
punir (castigar)	trestat	[trɛstat]

16. Os verbos mais importantes. Parte 4

queixar-se (vr)	stěžovat si	[steʒovat sɪ]
querer (desejar)	chtít	[xti:t]
recomendar (vt)	doporučovat	[doporuʧovat]
repetir (dizer outra vez)	opakovat	[opakovat]

repreender (vt)	nadávat	[nada:vat]
reservar (~ um quarto)	rezervovat	[rɛzɛrvovat]
responder (vt)	odpovídat	[otpovi:dat]
rezar, orar (vi)	modlit se	[modlɪt sɛ]
rir (vi)	smát se	[sma:t sɛ]

| roubar (vt) | krást | [kra:st] |
| saber (vt) | vědět | [vedet] |

sair (~ de casa)	vycházet	[vɪxa:zɛt]
salvar (vt)	zachraňovat	[zaxranʲovat]
seguir ...	následovat	[na:slɛdovat]

sentar-se (vr)	sednout si	[sɛdnout sɪ]
ser necessário	být potřebný	[bi:t potrʃɛbni:]
ser, estar	být	[bi:t]
significar (vt)	znamenat	[znamɛnat]

sorrir (vi)	usmívat se	[usmi:vat sɛ]
subestimar (vt)	podceňovat	[podtsɛnʲovat]
surpreender-se (vr)	divit se	[dɪvɪt sɛ]
tentar (vt)	zkoušet	[skouʃɛt]

ter (vt)	mít	[mi:t]
ter fome	mít hlad	[mi:t hlat]
ter medo	bát se	[ba:t sɛ]
ter sede	mít žízeň	[mi:t ʒi:zɛnʲ]

tocar (com as mãos)	dotýkat se	[doti:kat sɛ]
tomar o pequeno-almoço	snídat	[sni:dat]
trabalhar (vi)	pracovat	[pratsovat]
traduzir (vt)	překládat	[prʃɛkla:dat]
unir (vt)	sjednocovat	[sjɛdnotsovat]

vender (vt)	prodávat	[proda:vat]
ver (vt)	vidět	[vɪdet]
virar (ex. ~ à direita)	zatáčet	[zata:ʧɛt]
voar (vi)	letět	[lɛtet]

TEMPO. CALENDÁRIO

17. Dias da semana

segunda-feira (f)	pondělí (s)	[pondeli:]
terça-feira (f)	úterý (s)	[u:tɛri:]
quarta-feira (f)	středa (ž)	[strʃɛda]
quinta-feira (f)	čtvrtek (m)	[ʧtvrtɛk]
sexta-feira (f)	pátek (m)	[pa:tɛk]
sábado (m)	sobota (ž)	[sobota]
domingo (m)	neděle (ž)	[nɛdelɛ]
hoje	dnes	[dnɛs]
amanhã	zítra	[zi:tra]
depois de amanhã	pozítří	[pozi:trʃi:]
ontem	včera	[vtʃɛra]
anteontem	předevčírem	[prʃɛdɛvtʃi:rɛm]
dia (m)	den (m)	[dɛn]
dia (m) de trabalho	pracovní den (m)	[praɫsovni: dɛn]
feriado (m)	sváteční den (m)	[sva:tɛtʃni: dɛn]
dia (m) de folga	volno (s)	[volno]
fim (m) de semana	víkend (m)	[vi:kɛnt]
o dia todo	celý den	[ʦɛli: dɛn]
no dia seguinte	příští den	[prʃi:ʃti: dɛn]
há dois dias	před dvěma dny	[prʃɛd dvema dnɪ]
na véspera	den předtím	[dɛn prʃɛdti:m]
diário	denní	[dɛnni:]
todos os dias	denně	[dɛnne]
semana (f)	týden (m)	[ti:dɛn]
na semana passada	minulý týden	[mɪnuli: ti:dɛn]
na próxima semana	příští týden	[prʃi:ʃti: ti:dɛn]
semanal	týdenní	[ti:dɛnni:]
cada semana	týdně	[ti:dne]
duas vezes por semana	dvakrát týdně	[dvakra:t ti:dne]
cada terça-feira	každé úterý	[kaʒdɛ: u:tɛri:]

18. Horas. Dia e noite

manhã (f)	ráno (s)	[ra:no]
de manhã	ráno	[ra:no]
meio-dia (m)	poledne (s)	[polɛdnɛ]
à tarde	odpoledne	[otpolɛdnɛ]
noite (f)	večer (m)	[vɛtʃɛr]
à noite (noitinha)	večer	[vɛtʃɛr]

noite (f)	noc (ž)	[nots]
à noite	v noci	[v notsɪ]
meia-noite (f)	půlnoc (ž)	[pu:lnots]

segundo (m)	sekunda (ž)	[sɛkunda]
minuto (m)	minuta (ž)	[mɪnuta]
hora (f)	hodina (ž)	[hodɪna]
meia hora (f)	půlhodina (ž)	[pu:lhodɪna]
quarto (m) de hora	čtvrthodina (ž)	[ʧtvrthodɪna]
quinze minutos	patnáct minut	[patna:tst mɪnut]
vinte e quatro horas	den a noc	[dɛn a nots]

nascer (m) do sol	východ (m) slunce	[vi:xod sluntsɛ]
amanhecer (m)	úsvit (m)	[u:svɪt]
madrugada (f)	časné ráno (s)	[ʧasnɛ: ra:no]
pôr do sol (m)	západ (m) slunce	[za:pat sluntsɛ]

de madrugada	brzy ráno	[brzɪ ra:no]
hoje de manhã	dnes ráno	[dnɛs ra:no]
amanhã de manhã	zítra ráno	[zi:tra ra:no]

hoje à tarde	dnes odpoledne	[dnɛs otpolɛdnɛ]
à tarde	odpoledne	[otpolɛdnɛ]
amanhã à tarde	zítra odpoledne	[zi:tra otpolɛdnɛ]

| hoje à noite | dnes večer | [dnɛs vɛʧɛr] |
| amanhã à noite | zítra večer | [zi:tra vɛʧɛr] |

às três horas em ponto	přesně ve tři hodiny	[prʃɛsne vɛ trʃɪ hodɪnɪ]
por volta das quatro	kolem čtyř hodin	[kolɛm ʧtɪrʒ hodɪn]
às doze	do dvanácti hodin	[do dvana:tstɪ hodɪn]

dentro de vinte minutos	za dvacet minut	[za dvatsɛt mɪnut]
dentro duma hora	za hodinu	[za hodɪnu]
a tempo	včas	[vʧas]

menos um quarto	tři čtvrtě	[trʃɪ ʧtvrte]
durante uma hora	během hodiny	[behɛm hodɪnɪ]
a cada quinze minutos	každých patnáct minut	[kaʒdi:x patna:tst mɪnut]
as vinte e quatro horas	celodenně	[tsɛlodɛnne]

19. Meses. Estações

janeiro (m)	leden (m)	[lɛdɛn]
fevereiro (m)	únor (m)	[u:nor]
março (m)	březen (m)	[brʒɛzɛn]
abril (m)	duben (m)	[dubɛn]
maio (m)	květen (m)	[kvetɛn]
junho (m)	červen (m)	[ʧɛrvɛn]

julho (m)	červenec (m)	[ʧɛrvɛnɛts]
agosto (m)	srpen (m)	[srpɛn]
setembro (m)	září (s)	[za:rʒi:]
outubro (m)	říjen (m)	[rʒi:jɛn]

novembro (m)	listopad (m)	[lɪstopat]
dezembro (m)	prosinec (m)	[prosɪnɛʦ]
primavera (f)	jaro (s)	[jaro]
na primavera	na jaře	[na jarʒɛ]
primaveril	jarní	[jarni:]
verão (m)	léto (s)	[lɛ:to]
no verão	v létě	[v lɛ:te]
de verão	letní	[lɛtni:]
outono (m)	podzim (m)	[podzɪm]
no outono	na podzim	[na podzɪm]
outonal	podzimní	[podzɪmni:]
inverno (m)	zima (ž)	[zɪma]
no inverno	v zimě	[v zɪmne]
de inverno	zimní	[zɪmni:]
mês (m)	měsíc (m)	[mnesi:ʦ]
este mês	tento měsíc	[tɛnto mnesi:ʦ]
no próximo mês	příští měsíc	[prʃi:ʃti: mnesi:ʦ]
no mês passado	minulý měsíc	[mɪnuli: mnesi:ʦ]
há um mês	před měsícem	[prʃɛd mnesi:ʦɛm]
dentro de um mês	za měsíc	[za mnesi:ʦ]
dentro de dois meses	za dva měsíce	[za dva mnesi:ʦɛ]
todo o mês	celý měsíc	[ʦɛli: mnesi:ʦ]
um mês inteiro	celý měsíc	[ʦɛli: mnesi:ʦ]
mensal	měsíční	[mnesi:ʧni:]
mensalmente	každý měsíc	[kaʒdi: mnesi:ʦ]
cada mês	měsíčně	[mnesi:ʧne]
duas vezes por mês	dvakrát měsíčně	[dvakra:t mnesi:ʧne]
ano (m)	rok (m)	[rok]
este ano	letos	[lɛtos]
no próximo ano	příští rok	[prʃi:ʃti: rok]
no ano passado	vloni	[vlonɪ]
há um ano	před rokem	[prʃɛd rokɛm]
dentro dum ano	za rok	[za rok]
dentro de 2 anos	za dva roky	[za dva rokɪ]
todo o ano	celý rok	[ʦɛli: rok]
um ano inteiro	celý rok	[ʦɛli: rok]
cada ano	každý rok	[kaʒdi: rok]
anual	každoroční	[kaʒdorotʃni:]
anualmente	každoročně	[kaʒdorotʃne]
quatro vezes por ano	čtyřikrát za rok	[ʧtɪrʒɪkra:t za rok]
data (~ de hoje)	datum (s)	[datum]
data (ex. ~ de nascimento)	datum (s)	[datum]
calendário (m)	kalendář (m)	[kalɛnda:rʃ]
meio ano	půl roku	[pu:l roku]
seis meses	půlrok (m)	[pu:lrok]

| estação (f) | **období** (s) | [obdobi:] |
| século (m) | **století** (s) | [stolɛti:] |

VIAGENS. HOTEL

20. Viagens

turismo (m)	turistika (ž)	[turɪstɪka]
turista (m)	turista (m)	[turɪsta]
viagem (f)	cestování (s)	[tsɛstovaːniː]
aventura (f)	příhoda (ž)	[prʃiːhoda]
viagem (f)	cesta (ž)	[tsɛsta]

férias (f pl)	dovolená (ž)	[dovolɛnaː]
estar de férias	mít dovolenou	[miːt dovolɛnou]
descanso (m)	odpočinek (m)	[otpotʃɪnɛk]

comboio (m)	vlak (m)	[vlak]
de comboio (chegar ~)	vlakem	[vlakɛm]
avião (m)	letadlo (s)	[lɛtadlo]
de avião	letadlem	[lɛtadlɛm]
de carro	autem	[autɛm]
de navio	lodí	[lodiː]

bagagem (f)	zavazadla (s mn)	[zavazadla]
mala (f)	kufr (m)	[kufr]
carrinho (m)	vozík (m) na zavazadla	[voziːk na zavazadla]

passaporte (m)	pas (m)	[pas]
visto (m)	vízum (s)	[viːzum]
bilhete (m)	jízdenka (ž)	[jiːzdɛŋka]
bilhete (m) de avião	letenka (ž)	[lɛtɛŋka]

guia (m) de viagem	průvodce (m)	[pruːvodtsɛ]
mapa (m)	mapa (ž)	[mapa]
local (m), area (f)	krajina (ž)	[krajɪna]
lugar, sítio (m)	místo (s)	[miːsto]

exotismo (m)	exotika (ž)	[ɛgzotɪka]
exótico	exotický	[ɛgzotɪtski:]
surpreendente	podivuhodný	[podɪvuhodni:]

grupo (m)	skupina (ž)	[skupɪna]
excursão (f)	výlet (m)	[viːlɛt]
guia (m)	průvodce (m)	[pruːvodtsɛ]

21. Hotel

hotel (m)	hotel (m)	[hotɛl]
motel (m)	motel (m)	[motɛl]
três estrelas	tři hvězdy	[trʃɪ hvezdɪ]

cinco estrelas	**pět hvězd**	[pet hvezt]
ficar (~ num hotel)	**ubytovat se**	[ubɪtovat sɛ]

quarto (m)	**pokoj** (m)	[pokoj]
quarto (m) individual	**jednolůžkový pokoj** (m)	[jɛdnolu:ʃkovi: pokoj]
quarto (m) duplo	**dvoulůžkový pokoj** (m)	[dvoulu:ʃkovi: pokoj]
reservar um quarto	**rezervovat pokoj**	[rɛzɛrvovat pokoj]

meia pensão (f)	**polopenze** (ž)	[polopɛnzɛ]
pensão (f) completa	**plná penze** (ž)	[plna: pɛnzɛ]

com banheira	**s koupelnou**	[s koupɛlnou]
com duche	**se sprchou**	[sɛ sprxou]
televisão (m) satélite	**satelitní televize** (ž)	[satɛlɪtni: tɛlɛvɪzɛ]
ar (m) condicionado	**klimatizátor** (m)	[klɪmatɪza:tor]
toalha (f)	**ručník** (m)	[rutʃni:k]
chave (f)	**klíč** (m)	[kli:tʃ]

administrador (m)	**recepční** (m)	[rɛtsɛptʃni:]
camareira (f)	**pokojská** (ž)	[pokojska:]
bagageiro (m)	**nosič** (m)	[nosɪtʃ]
porteiro (m)	**vrátný** (m)	[vra:tni:]

restaurante (m)	**restaurace** (ž)	[rɛstauratsɛ]
bar (m)	**bar** (m)	[bar]
pequeno-almoço (m)	**snídaně** (ž)	[sni:dane]
jantar (m)	**večeře** (ž)	[vɛtʃɛrʒɛ]
buffet (m)	**obložený stůl** (m)	[oblogeni: stu:l]

hall (m) de entrada	**vstupní hala** (ž)	[vstupni: hala]
elevador (m)	**výtah** (m)	[vi:tax]

NÃO PERTURBE	**NERUŠIT**	[nɛruʃɪt]
PROIBIDO FUMAR!	**ZÁKAZ KOUŘENÍ**	[za:kaz kourʒɛni:]

22. Turismo

monumento (m)	**památka** (ž)	[pama:tka]
fortaleza (f)	**pevnost** (ž)	[pɛvnost]
palácio (m)	**palác** (m)	[pala:ts]
castelo (m)	**zámek** (m)	[za:mɛk]
torre (f)	**věž** (ž)	[veʃ]
mausoléu (m)	**mauzoleum** (s)	[mauzolɛum]

arquitetura (f)	**architektura** (ž)	[arxɪtɛktura]
medieval	**středověký**	[strʃɛdoveki:]
antigo	**starobylý**	[starobɪli:]
nacional	**národní**	[na:rodni:]
conhecido	**známý**	[zna:mi:]

turista (m)	**turista** (m)	[turɪsta]
guia (pessoa)	**průvodce** (m)	[pru:vodtsɛ]
excursão (f)	**výlet** (m)	[vi:lɛt]
mostrar (vt)	**ukazovat**	[ukazovat]

contar (vt)	**povídat**	[poviːdat]
encontrar (vt)	**najít**	[najiːt]
perder-se (vr)	**ztratit se**	[stratɪtsɛ]
mapa (~ do metrô)	**plán** (m)	[plaːn]
mapa (~ da cidade)	**plán** (m)	[plaːn]

lembrança (f), presente (m)	**suvenýr** (m)	[suvɛniːr]
loja (f) de presentes	**prodejna** (ž) **suvenýrů**	[prodɛjna suvɛniːruː]
fotografar (vt)	**fotografovat**	[fotografovat]
fotografar-se	**fotografovat se**	[fotografovat sɛ]

TRANSPORTES

23. Aeroporto

aeroporto (m)	letiště (s)	[lɛtɪʃtɛ]
avião (m)	letadlo (s)	[lɛtadlo]
companhia (f) aérea	letecká společnost (ž)	[lɛtɛtska; spolɛtʃnost]
controlador (m) de tráfego aéreo	dispečer (m)	[dɪspɛtʃɛr]

partida (f)	odlet (m)	[odlɛt]
chegada (f)	přílet (m)	[prʃiːlɛt]
chegar (~ de avião)	přiletět	[prʃɪlɛtet]

hora (f) de partida	čas (m) odletu	[tʃas odlɛtu]
hora (f) de chegada	čas (m) příletu	[tʃas prʃilɛtu]

estar atrasado	mít zpoždění	[miːt spoʒdɛniː]
atraso (m) de voo	zpoždění (s) odletu	[spoʒdeni: odlɛtu]

painel (m) de informação	informační tabule (ž)	[ɪnformatʃni: tabulɛ]
informação (f)	informace (ž)	[ɪnformatsɛ]
anunciar (vt)	hlásit	[hla:sɪt]
voo (m)	let (m)	[lɛt]

alfândega (f)	celnice (ž)	[tsɛlnɪtsɛ]
funcionário (m) da alfândega	celník (m)	[tsɛlni:k]

declaração (f) alfandegária	prohlášení (s)	[prohla:ʃɛni:]
preencher a declaração	vyplnit prohlášení	[vɪplnɪt prohla:ʃɛni:]
controlo (m) de passaportes	pasová kontrola (ž)	[pasova: kontrola]

bagagem (f)	zavazadla (s mn)	[zavazadla]
bagagem (f) de mão	příruční zavazadlo (s)	[prʃi:rutʃni: zavazadlo]
carrinho (m)	vozík (m) na zavazadla	[vozi:k na zavazadla]

aterragem (f)	přistání (s)	[prʃɪsta:ni:]
pista (f) de aterragem	přistávací dráha (ž)	[prʃɪsta:vatsi: dra:ha]
aterrar (vi)	přistávat	[prʃɪsta:vat]
escada (f) de avião	pojízdné schůdky (m mn)	[poji:zdnɛ sxu:tkɪ]

check-in (m)	registrace (ž)	[rɛgɪstratsɛ]
balcão (m) do check-in	přepážka (ž) registrace	[prʃɛpa:ʃka rɛgɪstratsɛ]
fazer o check-in	zaregistrovat se	[zarɛgɪstrovat sɛ]
cartão (m) de embarque	palubní lístek (m)	[palubni: li:stɛk]
porta (f) de embarque	příchod (m) k nástupu	[prʃi:xot k na:stupu]

trânsito (m)	tranzit (m)	[tranzɪt]
esperar (vi, vt)	čekat	[tʃɛkat]
sala (f) de espera	čekárna (ž)	[tʃɛka:rna]

despedir-se de ...	**doprovázet**	[doprova:zɛt]
despedir-se (vr)	**loučit se**	[loutʃɪt sɛ]

24. Avião

avião (m)	**letadlo** (s)	[lɛtadlo]
bilhete (m) de avião	**letenka** (ž)	[lɛtɛŋka]
companhia (f) aérea	**letecká společnost** (ž)	[lɛtɛtska: spolɛtʃnost]
aeroporto (m)	**letiště** (s)	[lɛtɪʃtɛ]
supersónico	**nadzvukový**	[nadzvukovi:]

comandante (m) do avião	**velitel** (m) **posádky**	[vɛlɪtɛl posa:tkɪ]
tripulação (f)	**posádka** (ž)	[posa:tka]
piloto (m)	**pilot** (m)	[pɪlot]
hospedeira (f) de bordo	**letuška** (ž)	[lɛtuʃka]
copiloto (m)	**navigátor** (m)	[navɪga:tor]

asas (f pl)	**křídla** (s mn)	[krʃi:dla]
cauda (f)	**ocas** (m)	[otsas]
cabine (f) de pilotagem	**kabina** (ž)	[kabɪna]
motor (m)	**motor** (m)	[motor]
trem (m) de aterragem	**podvozek** (m)	[podvozɛk]
turbina (f)	**turbína** (ž)	[turbi:na]
hélice (f)	**vrtule** (f)	[vrtulɛ]
caixa-preta (f)	**černá skříňka** (ž)	[tʃɛrna: skrʃi:nʲka]
coluna (f) de controlo	**řídicí páka** (ž)	[rʒi:dɪtsi: pa:ka]
combustível (m)	**palivo** (s)	[palɪvo]

instruções (f pl) de segurança	**předpis** (m)	[prʃɛtpɪs]
máscara (f) de oxigénio	**kyslíková maska** (ž)	[kɪsli:kova: maska]
uniforme (m)	**uniforma** (ž)	[unɪforma]
colete (m) salva-vidas	**záchranná vesta** (ž)	[za:xranna: vɛsta]
paraquedas (m)	**padák** (m)	[pada:k]
descolagem (f)	**start** (m) **letadla**	[start lɛtadla]
descolar (vi)	**vzlétat**	[vzlɛ:tat]
pista (f) de descolagem	**rozjezdová dráha** (ž)	[rozjɛzdova: dra:ha]

visibilidade (f)	**viditelnost** (ž)	[vɪdɪtɛlnost]
voo (m)	**let** (m)	[lɛt]
altura (f)	**výška** (ž)	[vi:ʃka]
poço (m) de ar	**vzdušná jáma** (ž)	[vzduʃna: jama]

assento (m)	**místo** (s)	[mi:sto]
auscultadores (m pl)	**sluchátka** (s mn)	[sluxa:tka]
mesa (f) rebatível	**odklápěcí stolek** (m)	[otkla:pɛtsi: stolɛk]
vigia (f)	**okénko** (s)	[okɛ:ŋko]
passagem (f)	**chodba** (ž)	[xodba]

25. Comboio

comboio (m)	**vlak** (m)	[vlak]
comboio (m) suburbano	**elektrický vlak** (m)	[ɛlɛktrɪtski: vlak]

comboio (m) rápido	rychlík (m)	[rɪxli:k]
locomotiva (f) diesel	motorová lokomotiva (ž)	[motorova: lokomotɪva]
locomotiva (f) a vapor	parní lokomotiva (ž)	[parni: lokomotɪva]

| carruagem (f) | vůz (m) | [vu:z] |
| carruagem restaurante (f) | jídelní vůz (m) | [ji:dɛlni: vu:z] |

carris (m pl)	koleje (ž mn)	[kolɛjɛ]
caminho de ferro (m)	železnice (ž mn)	[ʒelɛznɪtsɛ]
travessa (f)	pražec (m)	[praʒets]

plataforma (f)	nástupiště (s)	[na:stupɪʃte]
linha (f)	kolej (ž)	[kolɛj]
semáforo (m)	návěstidlo (s)	[na:vestɪdlo]
estação (f)	stanice (ž)	[stanɪtsɛ]

maquinista (m)	strojvůdce (m)	[strojvu:dtsɛ]
bagageiro (m)	nosič (m)	[nosɪtʃ]
hospedeiro, -a	průvodčí (m)	[pru:vodtʃi:]
(da carruagem)		
passageiro (m)	cestující (m)	[tsɛstuji:tsi:]
revisor (m)	revizor (m)	[rɛvɪzor]

corredor (m)	chodba (ž)	[xodba]
freio (m) de emergência	záchranná brzda (ž)	[za:xranna: brzda]
compartimento (m)	oddělení (s)	[oddelɛni:]
cama (f)	lůžko (s)	[lu:ʃko]
cama (f) de cima	horní lůžko (s)	[horni: lu:ʃko]
cama (f) de baixo	dolní lůžko (s)	[dolni: lu:ʃko]
roupa (f) de cama	lůžkoviny (ž mn)	[lu:ʃkovɪnɪ]

bilhete (m)	jízdenka (ž)	[ji:zdɛŋka]
horário (m)	jízdní řád (m)	[ji:zdni: rʒa:t]
painel (m) de informação	tabule (ž)	[tabulɛ]

partir (vt)	odjíždět	[odji:ʒdet]
partida (f)	odjezd (m)	[odjɛst]
chegar (vi)	přijíždět	[prʃɪji:ʒdet]
chegada (f)	příjezd (m)	[prʃi:jɛst]

chegar de comboio	přijet vlakem	[prʃɪet vlakɛm]
apanhar o comboio	nastoupit do vlaku	[nastoupɪt do vlaku]
sair do comboio	vystoupit z vlaku	[vɪstoupɪt z vlaku]

acidente (m) ferroviário	železniční neštěstí (s)	[ʒelɛznɪtʃni: nɛʃtesti:]
locomotiva (f) a vapor	parní lokomotiva (ž)	[parni: lokomotɪva]
fogueiro (m)	topič (m)	[topɪtʃ]
fornalha (f)	topeniště (s)	[topɛnɪʃte]
carvão (m)	uhlí (s)	[uhli:]

26. Barco

| navio (m) | loď (ž) | [lotʲ] |
| embarcação (f) | loď (ž) | [lotʲ] |

vapor (m)	parník (m)	[parni:k]
navio (m)	říční loď (ž)	[ritʃni loťʲ]
transatlântico (m)	linková loď (ž)	[lɪŋkova: loťʲ]
cruzador (m)	křižník (m)	[krʒɪʒni:k]

iate (m)	jachta (ž)	[jaxta]
rebocador (m)	vlek (m)	[vlɛk]
barcaça (f)	vlečná nákladní loď (ž)	[vlɛtʃna: na:kladni: loťʲ]
ferry (m)	prám (m)	[pra:m]

| veleiro (m) | plachetnice (ž) | [plaxɛtnɪtsɛ] |
| bergantim (m) | brigantina (ž) | [brɪganti:na] |

| quebra-gelo (m) | ledoborec (m) | [lɛdoborɛts] |
| submarino (m) | ponorka (ž) | [ponorka] |

bote, barco (m)	loďka (ž)	[loťʲka]
bote, dingue (m)	člun (m)	[tʃlun]
bote (m) salva-vidas	záchranný člun (m)	[za:xranni: tʃlun]
lancha (f)	motorový člun (m)	[motorovi: tʃlun]

capitão (m)	kapitán (m)	[kapɪta:n]
marinheiro (m)	námořník (m)	[na:morʒni:k]
marujo (m)	námořník (m)	[na:morʒni:k]
tripulação (f)	posádka (ž)	[posa:tka]

contramestre (m)	loďmistr (m)	[loďʲmɪstr]
grumete (m)	plavčík (m)	[plavtʃi:k]
cozinheiro (m) de bordo	lodní kuchař (m)	[lodni: kuxarʃ]
médico (m) de bordo	lodní lékař (m)	[lodni: lɛ:karʃ]

convés (m)	paluba (ž)	[paluba]
mastro (m)	stěžeň (m)	[stɛʒenʲ]
vela (f)	plachta (ž)	[plaxta]

porão (m)	podpalubí (s)	[potpalubi:]
proa (f)	příď (ž)	[prʃi:ťʲ]
popa (f)	záď (ž)	[za:ťʲ]
remo (m)	veslo (s)	[vɛslo]
hélice (f)	lodní šroub (m)	[lodni: ʃroup]

camarote (m)	kajuta (ž)	[kajuta]
sala (f) dos oficiais	společenská místnost (ž)	[spoletʃenska: mi:stnost]
sala (f) das máquinas	strojovna (ž)	[strojovna]
ponte (m) de comando	kapitánský můstek (m)	[kapɪta:nski: mu:stɛk]
sala (f) de comunicações	rádiová kabina (ž)	[ra:dɪova: kabɪna]
onda (f) de rádio	vlna (ž)	[vlna]
diário (m) de bordo	lodní deník (m)	[lodni: dɛni:k]

luneta (f)	dalekohled (m)	[dalɛkohlet]
sino (m)	zvon (m)	[zvon]
bandeira (f)	vlajka (ž)	[vlajka]

cabo (m)	lano (s)	[lano]
nó (m)	uzel (m)	[uzɛl]
corrimão (m)	zábradlí (s)	[za:bradli:]

prancha (f) de embarque	schůdky (m mn)	[sxu:tkɪ]
âncora (f)	kotva (ž)	[kotva]
recolher a âncora	zvednout kotvy	[zvɛdnout kotvɪ]
lançar a âncora	spustit kotvy	[spustɪt kotvɪ]
amarra (f)	kotevní řetěz (m)	[kotɛvni: rʒɛtez]

porto (m)	přístav (m)	[prʃi:staf]
cais, amarradouro (m)	přístaviště (s)	[prʃi:stavɪʃte]
atracar (vi)	přistávat	[prʃɪsta:vat]
desatracar (vi)	vyplouvat	[vɪplouvat]

viagem (f)	cestování (s)	[ʦɛstova:ni:]
cruzeiro (m)	výletní plavba (ž)	[vi:letni: plavba]
rumo (m), rota (f)	kurz (m)	[kurs]
itinerário (m)	trasa (ž)	[trasa]

canal (m) navegável	plavební dráha (ž)	[plavɛbni: dra:ha]
banco (m) de areia	mělčina (ž)	[mneltʃɪna]
encalhar (vt)	najet na mělčinu	[najɛt na mneltʃɪnu]

tempestade (f)	bouřka (ž)	[bourʃka]
sinal (m)	signál (m)	[sɪgna:l]
afundar-se (vr)	potápět se	[pota:pet sɛ]
SOS	SOS	[ɛs o: ɛs]
boia (f) salva-vidas	záchranný kruh (m)	[za:xranni: krux]

CIDADE

27. Transportes urbanos

autocarro (m)	**autobus** (m)	[autobus]
elétrico (m)	**tramvaj** (ž)	[tramvaj]
troleicarro (m)	**trolejbus** (m)	[trolɛjbus]
itinerário (m)	**trasa** (ž)	[trasa]
número (m)	**číslo** (s)	[ʧi:slo]

ir de … (carro, etc.)	**jet**	[jɛt]
entrar (~ no autocarro)	**nastoupit do …**	[nastoupɪt do]
descer de …	**vystoupit z …**	[vɪstoupɪt z]

paragem (f)	**zastávka** (ž)	[zasta:fka]
próxima paragem (f)	**příští zastávka** (ž)	[prʃi:ʃti zasta:fka]
ponto (m) final	**konečná stanice** (ž)	[konɛʧna: stanɪʦɛ]
horário (m)	**jízdní řád** (m)	[ji:zdni rʒa:t]
esperar (vt)	**čekat**	[ʧɛkat]

bilhete (m)	**jízdenka** (ž)	[ji:zdɛŋka]
custo (m) do bilhete	**jízdné** (s)	[ji:zdnɛ:]

bilheteiro (m)	**pokladník** (m)	[pokladni:k]
controlo (m) dos bilhetes	**kontrola** (ž)	[kontrola]
revisor (m)	**revizor** (m)	[rɛvɪzor]

atrasar-se (vr)	**mít zpoždění**	[mi:t spoʒdɛni:]
perder (o autocarro, etc.)	**opozdit se**	[opozdɪt sɛ]
estar com pressa	**pospíchat**	[pospi:xat]

táxi (m)	**taxík** (m)	[taksi:k]
taxista (m)	**taxikář** (m)	[taksɪka:rʃ]
de táxi (ir ~)	**taxíkem**	[taksi:kɛm]
praça (f) de táxis	**stanoviště** (s) **taxíků**	[stanovɪʃte taksi:ku:]
chamar um táxi	**zavolat taxíka**	[zavolat taksi:ka]
apanhar um táxi	**vzít taxíka**	[vzi:t taksi:ka]

tráfego (m)	**uliční provoz** (m)	[ulɪʧni: provoz]
engarrafamento (m)	**zácpa** (ž)	[za:ʦpa]
horas (f pl) de ponta	**špička** (ž)	[ʃpɪʧka]
estacionar (vi)	**parkovat se**	[parkovat sɛ]
estacionar (vt)	**parkovat**	[parkovat]
parque (m) de estacionamento	**parkoviště** (s)	[parkovɪʃte]

metro (m)	**metro** (s)	[mɛtro]
estação (f)	**stanice** (ž)	[stanɪʦɛ]
ir de metro	**jet metrem**	[jɛt mɛtrɛm]
comboio (m)	**vlak** (m)	[vlak]
estação (f)	**nádraží** (s)	[na:draʒi:]

28. Cidade. Vida na cidade

cidade (f)	město (s)	[mnesto]
capital (f)	hlavní město (s)	[hlavni: mnesto]
aldeia (f)	venkov (m)	[vɛŋkof]
mapa (m) da cidade	plán (m) města	[pla:n mnesta]
centro (m) da cidade	střed (m) města	[strʃɛd mnesta]
subúrbio (m)	předměstí (s)	[prʃɛdmnesti:]
suburbano	předměstský	[prʃɛdmnestski:]
periferia (f)	okraj (m)	[okraj]
arredores (m pl)	okolí (s)	[okoli:]
quarteirão (m)	čtvrť (ž)	[tʃtvrtⁱ]
quarteirão (m) residencial	obytná čtvrť (ž)	[obɪtna: tʃtvrtⁱ]
tráfego (m)	provoz (m)	[provoz]
semáforo (m)	semafor (m)	[sɛmafor]
transporte (m) público	městská doprava (ž)	[mnestska: doprava]
cruzamento (m)	křižovatka (ž)	[krʃɪʒovatka]
passadeira (f)	přechod (m)	[prʃɛxot]
passagem (f) subterrânea	podchod (m)	[podxot]
cruzar, atravessar (vt)	přecházet	[prʃɛxa:zɛt]
peão (m)	chodec (m)	[xodɛts]
passeio (m)	chodník (m)	[xodni:k]
ponte (f)	most (m)	[most]
margem (f) do rio	nábřeží (s)	[na:brʒɛʒi:]
fonte (f)	fontána (ž)	[fonta:na]
alameda (f)	alej (ž)	[alɛj]
parque (m)	park (m)	[park]
bulevar (m)	bulvár (m)	[bulva:r]
praça (f)	náměstí (s)	[na:mnesti:]
avenida (f)	třída (ž)	[trʃi:da]
rua (f)	ulice (ž)	[ulɪtsɛ]
travessa (f)	boční ulice (ž)	[botʃni: ulɪtsɛ]
beco (m) sem saída	slepá ulice (ž)	[slɛpa: ulɪtsɛ]
casa (f)	dům (m)	[du:m]
edifício, prédio (m)	budova (ž)	[budova]
arranha-céus (m)	mrakodrap (m)	[mrakodrap]
fachada (f)	fasáda (ž)	[fasa:da]
telhado (m)	střecha (ž)	[strʃɛxa]
janela (f)	okno (s)	[okno]
arco (m)	oblouk (m)	[oblouk]
coluna (f)	sloup (m)	[sloup]
esquina (f)	roh (m)	[rox]
montra (f)	výloha (ž)	[vi:loha]
letreiro (m)	vývěsní tabule (ž)	[vi:vesni: tabulɛ]
cartaz (m)	plakát (m)	[plaka:t]
cartaz (m) publicitário	reklamní plakát (m)	[rɛklamni: plaka:t]

37

painel (m) publicitário	billboard (m)	[bɪlbo:rt]
lixo (m)	odpadky (m mn)	[otpatki:]
cesta (f) do lixo	popelnice (ž)	[popɛlnɪtsɛ]
jogar lixo na rua	dělat smetí	[delat smɛti:]
aterro (m) sanitário	smetiště (s)	[smɛtɪʃte]

cabine (f) telefónica	telefonní budka (ž)	[tɛlɛfonni: butka]
candeeiro (m) de rua	pouliční svítilna (ž)	[poulɪtʃni: svi:tɪlna]
banco (m)	lavička (ž)	[lavɪtʃka]

polícia (m)	policista (m)	[polɪtsɪsta]
polícia (instituição)	policie (ž)	[polɪtsɪe]
mendigo (m)	žebrák (m)	[ʒebra:k]
sem-abrigo (m)	bezdomovec (m)	[bɛzdomovɛts]

29. Instituições urbanas

loja (f)	obchod (m)	[obxot]
farmácia (f)	lékárna (ž)	[lɛ:ka:rna]
ótica (f)	oční optika (ž)	[otʃni: optɪka]
centro (m) comercial	obchodní středisko (s)	[obxodni: strʃɛdɪsko]
supermercado (m)	supermarket (m)	[supɛrmarket]

padaria (f)	pekařství (s)	[pɛkarʃstvi:]
padeiro (m)	pekař (m)	[pɛkarʃ]
pastelaria (f)	cukrárna (ž)	[tsukra:rna]
mercearia (f)	smíšené zboží (s)	[smiʃɛnɛ: zboʒi:]
talho (m)	řeznictví (s)	[rʒɛznɪtstvi:]

| loja (f) de legumes | zelinářství (s) | [zɛlɪna:rʃstvi:] |
| mercado (m) | tržnice (ž) | [trʒnɪtsɛ] |

café (m)	kavárna (ž)	[kava:rna]
restaurante (m)	restaurace (ž)	[rɛstauratsɛ]
bar (m), cervejaria (f)	pivnice (ž)	[pɪvnɪtsɛ]
pizzaria (f)	pizzerie (ž)	[pɪtsɛrɪe]

salão (m) de cabeleireiro	holičství (s) a kadeřnictví	[holɪtʃstvi: a kadɛrʒnɪtstvi:]
correios (m pl)	pošta (ž)	[poʃta]
lavandaria (f)	čistírna (ž)	[tʃɪsti:rna]
estúdio (m) fotográfico	fotografický ateliér (m)	[fotografɪtski: atɛlɪe:r]

sapataria (f)	obchod (m) s obuví	[obxot s obuvi:]
livraria (f)	knihkupectví (s)	[knɪxkupɛtstvi:]
loja (f) de artigos de desporto	sportovní potřeby (ž mn)	[sportovni: potrʃɛbɪ]

reparação (f) de roupa	opravna (ž) oděvů	[opravna odevu:]
aluguer (m) de roupa	půjčovna (ž) oděvů	[pu:jtʃovna odevu:]
aluguer (m) de filmes	půjčovna (ž) filmů	[pu:jtʃovna fɪlmu:]

circo (m)	cirkus (m)	[tsɪrkus]
jardim (m) zoológico	zoologická zahrada (ž)	[zoologɪtska: zahrada]
cinema (m)	biograf (m)	[bɪograf]
museu (m)	muzeum (s)	[muzɛum]

biblioteca (f)	knihovna (ž)	[knɪhovna]
teatro (m)	divadlo (s)	[dɪvadlo]
ópera (f)	opera (ž)	[opɛra]
clube (m) noturno	noční klub (m)	[notʃni: klup]
casino (m)	kasino (s)	[kasi:no]

mesquita (f)	mešita (ž)	[mɛʃɪta]
sinagoga (f)	synagóga (ž)	[sinago:ga]
catedral (f)	katedrála (ž)	[katɛdra:la]
templo (m)	chrám (m)	[xra:m]
igreja (f)	kostel (m)	[kostɛl]

instituto (m)	vysoká škola (ž)	[vɪsoka: ʃkola]
universidade (f)	univerzita (ž)	[unɪvɛrzɪta]
escola (f)	škola (ž)	[ʃkola]

prefeitura (f)	prefektura (ž)	[prɛfɛktura]
câmara (f) municipal	magistrát (m)	[magɪstra:t]
hotel (m)	hotel (m)	[hotɛl]
banco (m)	banka (ž)	[baŋka]

embaixada (f)	velvyslanectví (s)	[vɛlvɪslanɛtstvi:]
agência (f) de viagens	cestovní kancelář (ž)	[tsɛstovni: kantsɛla:rʃ]
agência (f) de informações	informační kancelář (ž)	[ɪnformatʃni: kantsɛla:rʃ]
casa (f) de câmbio	směnárna (ž)	[smnena:rna]

metro (m)	metro (s)	[mɛtro]
hospital (m)	nemocnice (ž)	[nɛmotsnɪtsɛ]

posto (m) de gasolina	benzínová stanice (ž)	[bɛnzi:nova: stanɪtsɛ]
parque (m) de estacionamento	parkoviště (s)	[parkovɪʃte]

30. Sinais

letreiro (m)	ukazatel (m) směru	[ukazatɛl smneru]
inscrição (f)	nápis (m)	[na:pɪs]
cartaz, póster (m)	plakát (m)	[plaka:t]
sinal (m) informativo	ukazatel (m)	[ukazatɛl]
seta (f)	šípka (ž)	[ʃi:pka]

aviso (advertência)	varování (s)	[varova:ni:]
sinal (m) de aviso	výstraha (ž)	[vi:straha]
avisar, advertir (vt)	upozorňovat	[upozorňovat]

dia (m) de folga	volný den (m)	[volni: dɛn]
horário (m)	jízdní řád (m)	[ji:zdni: rʒa:t]
horário (m) de funcionamento	pracovní doba (ž)	[pratsovni: doba]

BEM-VINDOS!	VÍTEJTE!	[vi:tɛjtɛ]
ENTRADA	VCHOD	[vxot]
SAÍDA	VÝCHOD	[vi:xot]

EMPURRE	TAM	[tam]
PUXE	SEM	[sɛm]

| ABERTO | OTEVŘENO | [otɛvrʒeno] |
| FECHADO | ZAVŘENO | [zavrʒeno] |

| MULHER | ŽENY | [ʒenɪ] |
| HOMEM | MUŽI | [muʒɪ] |

DESCONTOS	SLEVY	[slɛvɪ]
SALDOS	VÝPRODEJ	[vi:prodɛj]
NOVIDADE!	NOVINKA!	[novɪŋka]
GRÁTIS	ZDARMA	[zdarma]

ATENÇÃO!	POZOR!	[pozor]
NÃO HÁ VAGAS	VOLNÁ MÍSTA NEJSOU	[volna: mi:sta nɛjsou]
RESERVADO	ZADÁNO	[zada:no]

| ADMINISTRAÇÃO | KANCELÁŘ | [kantsɛla:rʒ] |
| SOMENTE PESSOAL AUTORIZADO | POUZE PRO PERSONÁL | [pouzɛ pro pɛrsona:l] |

CUIDADO CÃO FEROZ	POZOR! ZLÝ PES	[pozor zli: pɛs]
PROIBIDO FUMAR!	ZÁKAZ KOUŘENÍ	[za:kaz kourʒeni:]
NÃO TOCAR	NEDOTÝKEJTE SE!	[nɛdoti:kɛjtɛ sɛ]

PERIGOSO	NEBEZPEČNÉ	[nɛbɛzpɛtʃnɛ:]
PERIGO	NEBEZPEČÍ	[nɛbɛzpɛtʃi:]
ALTA TENSÃO	VYSOKÉ NAPĚTÍ	[vɪsokɛ: napeti:]
PROIBIDO NADAR	KOUPÁNÍ ZAKÁZÁNO	[koupa:ni: zaka:za:no]
AVARIADO	MIMO PROVOZ	[mɪmo provoz]

INFLAMÁVEL	VYSOCE HOŘLAVÝ	[vɪsotsɛ horʒlavi:]
PROIBIDO	ZÁKAZ	[za:kaz]
ENTRADA PROIBIDA	PRŮCHOD ZAKÁZÁN	[pru:xot zaka:za:n]
CUIDADO TINTA FRESCA	ČERSTVĚ NATŘENO	[tʃɛrstve natrʃeno]

31. Compras

comprar (vt)	kupovat	[kupovat]
compra (f)	nákup (m)	[na:kup]
fazer compras	dělat nákupy	[delat na:kupɪ]
compras (f pl)	nakupování (s)	[nakupova:ni:]

| estar aberta (loja, etc.) | být otevřen | [bi:t otɛvrʒɛn] |
| estar fechada | být zavřen | [bi:t zavrʒɛn] |

calçado (m)	obuv (ž)	[obuʃ]
roupa (f)	oblečení (s)	[oblɛtʃeni:]
cosméticos (m pl)	kosmetika (ž)	[kosmɛtɪka]
alimentos (m pl)	potraviny (ž mn)	[potravɪnɪ]
presente (m)	dárek (m)	[da:rɛk]

vendedor (m)	prodavač (m)	[prodavatʃ]
vendedora (f)	prodavačka (ž)	[prodavatʃka]
caixa (f)	pokladna (ž)	[pokladna]
espelho (m)	zrcadlo (s)	[zrtsadlo]

balcão (m)	**pult** (m)	[pult]
cabine (f) de provas	**zkušební kabinka** (ž)	[skuʃɛbni: kabɪŋka]

provar (vt)	**zkusit**	[skusɪt]
servir (vi)	**hodit se**	[hodɪt sɛ]
gostar (apreciar)	**líbit se**	[li:bɪt sɛ]

preço (m)	**cena** (ž)	[ʦɛna]
etiqueta (f) de preço	**cenovka** (ž)	[ʦɛnofka]
custar (vt)	**stát**	[sta:t]
Quanto?	**Kolik?**	[kolɪk]
desconto (m)	**sleva** (ž)	[slɛva]

não caro	**levný**	[lɛvni:]
barato	**levný**	[lɛvni:]
caro	**drahý**	[drahi:]
É caro	**To je drahé**	[to jɛ drahɛ:]

aluguer (m)	**půjčování** (s)	[pu:jʧova:ni:]
alugar (vestidos, etc.)	**vypůjčit si**	[vɪpu:jʧɪt sɪ]
crédito (m)	**úvěr** (m)	[u:ver]
a crédito	**na splátky**	[na spla:tkɪ]

VESTUÁRIO & ACESSÓRIOS

32. Roupa exterior. Casacos

roupa (f)	oblečení (s)	[oblɛtʃɛni:]
roupa (f) exterior	svrchní oděv (m)	[svrxni: odef]
roupa (f) de inverno	zimní oděv (m)	[zɪmni: odef]
sobretudo (m)	kabát (m)	[kaba:t]
casaco (m) de peles	kožich (m)	[koʒɪx]
casaco curto (m) de peles	krátký kožich (m)	[kra:tki: koʒɪx]
casaco (m) acolchoado	peřová bunda (ž)	[pɛrʒova: bunda]
casaco, blusão (m)	bunda (ž)	[bunda]
impermeável (m)	plášť (m)	[pla:ʃtʲ]
impermeável	nepromokavý	[nɛpromokavi:]

33. Vestuário de homem & mulher

camisa (f)	košile (ž)	[koʃɪlɛ]
calças (f pl)	kalhoty (ž mn)	[kalhotɪ]
calças (f pl) de ganga	džínsy (m mn)	[dʒi:nsɪ]
casaco (m) de fato	sako (s)	[sako]
fato (m)	pánský oblek (m)	[pa:nski: oblɛk]
vestido (ex. ~ vermelho)	šaty (m mn)	[ʃatɪ]
saia (f)	sukně (ž)	[suknɛ]
blusa (f)	blůzka (ž)	[blu:ska]
casaco (m) de malha	svetr (m)	[svɛtr]
casaco, blazer (m)	žaket (m)	[ʒakɛt]
T-shirt, camiseta (f)	tričko (s)	[trɪtʃko]
calções (Bermudas, etc.)	šortky (ž mn)	[ʃortkɪ]
fato (m) de treino	tepláková souprava (ž)	[tɛpla:kova: souprava]
roupão (m) de banho	župan (m)	[ʒupan]
pijama (m)	pyžamo (s)	[piʒamo]
suéter (m)	svetr (m)	[svɛtr]
pulôver (m)	pulovr (m)	[pulovr]
colete (m)	vesta (ž)	[vɛsta]
fraque (m)	frak (m)	[frak]
smoking (m)	smoking (m)	[smokɪŋk]
uniforme (m)	uniforma (ž)	[unɪforma]
roupa (f) de trabalho	pracovní oděv (m)	[pratsovni: odef]
fato-macaco (m)	kombinéza (ž)	[kombɪnɛ:za]
bata (~ branca, etc.)	plášť (m)	[pla:ʃtʲ]

34. Vestuário. Roupa interior

roupa (f) interior	spodní prádlo (s)	[spodni: pra:dlo]
camisola (f) interior	tílko (s)	[tilko]
peúgas (f pl)	ponožky (ž mn)	[ponoʃkɪ]
camisa (f) de noite	noční košile (ž)	[notʃni: koʃɪlɛ]
sutiã (m)	podprsenka (ž)	[potprsɛŋka]
meias longas (f pl)	podkolenky (ž mn)	[potkolɛŋkɪ]
meia-calça (f)	punčochové kalhoty (ž mn)	[punʧoxovɛ: kalgotɪ]
meias (f pl)	punčochy (ž mn)	[punʧoxɪ]
fato (m) de banho	plavky (ž mn)	[plafkɪ]

35. Adereços de cabeça

chapéu (m)	čepice (ž)	[ʧɛpɪʦɛ]
chapéu (m) de feltro	klobouk (m)	[klobouk]
boné (m) de beisebol	kšiltovka (ž)	[kʃɪltofka]
boné (m)	čepice (ž)	[ʧɛpɪʦɛ]
boina (f)	baret (m)	[barɛt]
capuz (m)	kapuce (ž)	[kapuʦɛ]
panamá (m)	panamský klobouk (m)	[panamski: klobouk]
gorro (m) de malha	pletená čepice (ž)	[plɛtɛna: ʧɛpɪʦɛ]
lenço (m)	šátek (m)	[ʃa:tɛk]
chapéu (m) de mulher	klobouček (m)	[kloboutʃɛk]
capacete (m) de proteção	přilba (ž)	[prʃɪlba]
bibico (m)	lodička (ž)	[lodɪʧka]
capacete (m)	helma (ž)	[hɛlma]
chapéu-coco (m)	tvrďák (m)	[tvrdⁱa:k]
chapéu (m) alto	válec (m)	[va:lɛʦ]

36. Calçado

calçado (m)	obuv (ž)	[obuʃ]
botinas (f pl)	boty (ž mn)	[botɪ]
sapatos (de salto alto, etc.)	střevíce (m mn)	[strʃɛvi:ʦɛ]
botas (f pl)	holínky (ž mn)	[holi:ŋkɪ]
pantufas (f pl)	bačkory (ž mn)	[baʧkorɪ]
ténis (m pl)	tenisky (ž mn)	[tɛnɪskɪ]
sapatilhas (f pl)	kecky (ž mn)	[kɛtskɪ]
sandálias (f pl)	sandály (m mn)	[sanda:lɪ]
sapateiro (m)	obuvník (m)	[obuvni:k]
salto (m)	podpatek (m)	[potpatɛk]
par (m)	pár (m)	[pa:r]
atacador (m)	tkanička (ž)	[tkanɪʧka]

apertar os atacadores	šněrovat	[ʃnerovat]
calçadeira (f)	lžíce (ž) na boty	[lʒi:tsɛ na botɪ]
graxa (f) para calçado	krém (m) na boty	[krɛ:m na botɪ]

37. Acessórios pessoais

luvas (f pl)	rukavice (ž mn)	[rukavɪtsɛ]
mitenes (f pl)	palčáky (m mn)	[paltʃa:kɪ]
cachecol (m)	šála (ž)	[ʃa:la]

óculos (m pl)	brýle (ž mn)	[bri:lɛ]
armação (f) de óculos	obroučky (m mn)	[obroutʃkɪ]
guarda-chuva (m)	deštník (m)	[dɛʃtni:k]
bengala (f)	hůl (ž)	[hu:l]
escova (f) para o cabelo	kartáč (m) na vlasy	[karta:tʃ na vlasɪ]
leque (m)	vějíř (m)	[veji:rʃ]

gravata (f)	kravata (ž)	[kravata]
gravata-borboleta (f)	motýlek (m)	[moti:lɛk]
suspensórios (m pl)	šle (ž mn)	[ʃlɛ]
lenço (m)	kapesník (m)	[kapesni:k]

pente (m)	hřeben (m)	[hrʒɛbɛn]
travessão (m)	sponka (ž)	[spoŋka]
gancho (m) de cabelo	vlásnička (ž)	[vla:snɪtʃka]
fivela (f)	spona (ž)	[spona]

cinto (m)	pás (m)	[pa:s]
correia (f)	řemen (m)	[rʒɛmɛn]

mala (f)	taška (ž)	[taʃka]
mala (f) de senhora	kabelka (ž)	[kabɛlka]
mochila (f)	batoh (m)	[batox]

38. Vestuário. Diversos

moda (f)	móda (ž)	[mo:da]
na moda	módní	[mo:dni:]
estilista (m)	modelář (m)	[modɛla:rʃ]

colarinho (m), gola (f)	límec (m)	[li:mɛts]
bolso (m)	kapsa (ž)	[kapsa]
de bolso	kapesní	[kapɛsni:]
manga (f)	rukáv (m)	[ruka:f]
alcinha (f)	poutko (s)	[poutko]
braguilha (f)	poklopec (m)	[poklopɛts]

fecho (m) de correr	zip (m)	[zɪp]
fecho (m), colchete (m)	spona (ž)	[spona]
botão (m)	knoflík (m)	[knofli:k]
casa (f) de botão	knoflíková dírka (ž)	[knofli:kova: di:rka]
soltar-se (vr)	utrhnout se	[utrhnout sɛ]

coser, costurar (vi)	šít	[ʃiːt]
bordar (vt)	vyšívat	[vɪʃiːvat]
bordado (m)	výšivka (ž)	[viːʃɪfka]
agulha (f)	jehla (ž)	[jɛhla]
fio (m)	nit (ž)	[nɪt]
costura (f)	šev (m)	[ʃɛf]

sujar-se (vr)	ušpinit se	[uʃpɪnɪt sɛ]
mancha (f)	skvrna (ž)	[skvrna]
engelhar-se (vr)	pomačkat se	[pomatʃkat sɛ]
rasgar (vt)	roztrhat	[roztrhat]
traça (f)	mol (m)	[mol]

39. Cuidados pessoais. Cosméticos

pasta (f) de dentes	zubní pasta (ž)	[zubniː pasta]
escova (f) de dentes	kartáček (m) na zuby	[kartaːtʃɛk na zubɪ]
escovar os dentes	čistit si zuby	[tʃɪstɪt sɪ zubɪ]

máquina (f) de barbear	holicí strojek (m)	[holɪtsiː strojɛk]
creme (m) de barbear	krém (m) na holení	[krɛːm na holɛniː]
barbear-se (vr)	holit se	[holɪt sɛ]

| sabonete (m) | mýdlo (s) | [miːdlo] |
| champô (m) | šampon (m) | [ʃampon] |

tesoura (f)	nůžky (ž mn)	[nuːʃkɪ]
lima (f) de unhas	pilník (m) na nehty	[pɪlniːk na nɛxtɪ]
corta-unhas (m)	kleštičky (ž mn) na nehty	[klɛʃtɪtʃkɪ na nɛxtɪ]
pinça (f)	pinzeta (ž)	[pɪnzeta]

cosméticos (m pl)	kosmetika (ž)	[kosmɛtɪka]
máscara (f) facial	kosmetická maska (ž)	[kosmɛtɪtska: maska]
manicura (f)	manikúra (ž)	[manɪkuːra]
fazer a manicura	dělat manikúru	[delat manɪkuːru]
pedicure (f)	pedikúra (ž)	[pɛdɪkuːra]

mala (f) de maquilhagem	kosmetická kabelka (ž)	[kosmɛtɪtska: kabɛlka]
pó (m)	pudr (m)	[pudr]
caixa (f) de pó	pudřenka (ž)	[pudrʒɛŋka]
blush (m)	červené líčidlo (s)	[tʃɛrvɛnɛ liːtʃɪdlo]

perfume (m)	voňavka (ž)	[vonʲafka]
água (f) de toilette	toaletní voda (ž)	[toalɛtniː voda]
loção (f)	pleťová voda (ž)	[plɛtʲova: voda]
água-de-colónia (f)	kolínská voda (ž)	[koliːnska: voda]

sombra (f) de olhos	oční stíny (m mn)	[otʃni: sti:nɪ]
lápis (m) delineador	tužka (ž) na oči	[tuʃka na otʃɪ]
máscara (f), rímel (m)	řasenka (ž)	[rʒasɛŋka]

batom (m)	rtěnka (ž)	[rtɛŋka]
verniz (m) de unhas	lak (m) na nehty	[lak na nɛxtɪ]
laca (f) para cabelos	lak (m) na vlasy	[lak na vlasɪ]

desodorizante (m)	deodorant (m)	[dɛodorant]
creme (m)	krém (m)	[krɛ:m]
creme (m) de rosto	pleťový krém (m)	[plɛtʲovi: krɛ:m]
creme (m) de mãos	krém (m) na ruce	[krɛ:m na ruʦɛ]
creme (m) antirrugas	krém (m) proti vráskám	[krɛ:m protɪ vra:ska:m]
de dia	denní	[dɛnni:]
da noite	noční	[notʃni:]

tampão (m)	tampón (m)	[tampo:n]
papel (m) higiénico	toaletní papír (m)	[toalɛtni: papi:r]
secador (m) elétrico	fén (m)	[fɛ:n]

40. Relógios de pulso. Relógios

relógio (m) de pulso	hodinky (ž mn)	[hodɪŋkɪ]
mostrador (m)	ciferník (m)	[ʦɪfɛrni:k]
ponteiro (m)	ručička (ž)	[rutʃɪtʃka]
bracelete (f) em aço	náramek (m)	[na:ramɛk]
bracelete (f) em couro	pásek (m)	[pa:sɛk]

pilha (f)	baterka (ž)	[batɛrka]
descarregar-se	vybít se	[vɪbi:t sɛ]
trocar a pilha	vyměnit baterku	[vɪmnenɪt batɛrku]
estar adiantado	jít napřed	[ji:t naprʃɛt]
estar atrasado	opožďovat se	[opoʒdʲovat sɛ]

relógio (m) de parede	nástěnné hodiny (ž mn)	[na:stennɛ: hodɪnɪ]
ampulheta (f)	přesýpací hodiny (ž mn)	[prʃɛsi:paʦi: hodɪnɪ]
relógio (m) de sol	sluneční hodiny (ž mn)	[slunɛtʃni: hodɪnɪ]
despertador (m)	budík (m)	[budi:k]
relojoeiro (m)	hodinář (m)	[hodɪna:rʃ]
reparar (vt)	opravovat	[opravovat]

EXPERIÊNCIA DO QUOTIDIANO

41. Dinheiro

dinheiro (m)	peníze (m mn)	[pɛniːzɛ]
câmbio (m)	výměna (ž)	[viːmnena]
taxa (f) de câmbio	kurz (m)	[kurs]
Caixa Multibanco (m)	bankomat (m)	[baŋkomat]
moeda (f)	mince (ž)	[mɪntsɛ]
dólar (m)	dolar (m)	[dolar]
euro (m)	euro (s)	[ɛuro]
lira (f)	lira (ž)	[lɪra]
marco (m)	marka (ž)	[marka]
franco (m)	frank (m)	[fraŋk]
libra (f) esterlina	libra (ž) šterlinků	[lɪbra ʃtɛrlɪŋkuː]
iene (m)	jen (m)	[jɛn]
dívida (f)	dluh (m)	[dlux]
devedor (m)	dlužník (m)	[dluʒniːk]
emprestar (vt)	půjčit	[puːjʧɪt]
pedir emprestado	půjčit si	[puːjʧɪt sɪ]
banco (m)	banka (ž)	[baŋka]
conta (f)	účet (m)	[uːʧɛt]
depositar na conta	uložit na účet	[uloʒɪt na uːʧɛt]
levantar (vt)	vybrat z účtu	[vɪbrat s uːʧtu]
cartão (m) de crédito	kreditní karta (ž)	[krɛdɪtni karta]
dinheiro (m) vivo	hotové peníze (m mn)	[hotovɛ pɛniːzɛ]
cheque (m)	šek (m)	[ʃɛk]
passar um cheque	vystavit šek	[vɪstavɪt ʃɛk]
livro (m) de cheques	šeková knížka (ž)	[ʃɛkova kniːʃka]
carteira (f)	náprsní taška (ž)	[naːprsni taʃka]
porta-moedas (m)	peněženka (ž)	[pɛneʒeŋka]
cofre (m)	trezor (m)	[trɛzor]
herdeiro (m)	dědic (m)	[dedɪts]
herança (f)	dědictví (s)	[dedɪtstviː]
fortuna (riqueza)	majetek (m)	[majɛtɛk]
arrendamento (m)	nájem (m)	[naːjɛm]
renda (f) de casa	činže (ž)	[ʧɪnʒe]
alugar (vt)	pronajímat si	[pronajiːmat sɪ]
preço (m)	cena (ž)	[tsɛna]
custo (m)	cena (ž)	[tsɛna]
soma (f)	částka (ž)	[ʧaːstka]

gastar (vt)	utrácet	[utra:tsɛt]
gastos (m pl)	náklady (m mn)	[na:kladɪ]
economizar (vi)	šetřit	[ʃɛtrʃɪt]
económico	úsporný	[u:sporni:]

pagar (vt)	platit	[platɪt]
pagamento (m)	platba (ž)	[platba]
troco (m)	peníze (m mn) nazpět	[pɛni:zɛ naspet]

imposto (m)	daň (ž)	[danʲ]
multa (f)	pokuta (ž)	[pokuta]
multar (vt)	pokutovat	[pokutovat]

42. Correios. Serviço postal

correios (m pl)	pošta (ž)	[poʃta]
correio (m)	pošta (ž)	[poʃta]
carteiro (m)	listonoš (m)	[lɪstonoʃ]
horário (m)	pracovní doba (ž)	[pratsovni: doba]

carta (f)	dopis (m)	[dopɪs]
carta (f) registada	doporučený dopis (m)	[doporutʃɛni: dopɪs]
postal (m)	pohlednice (ž)	[pohlɛdnɪtsɛ]
telegrama (m)	telegram (m)	[tɛlɛgram]
encomenda (f) postal	balík (m)	[bali:k]
remessa (f) de dinheiro	peněžní poukázka (ž)	[pɛnɛʒni: pouka:ska]

receber (vt)	dostat	[dostat]
enviar (vt)	odeslat	[odɛslat]
envio (m)	odeslání (s)	[odɛsla:ni:]
endereço (m)	adresa (ž)	[adrɛsa]
código (m) postal	poštovní směrovací číslo (s)	[poʃtovni: smnerovatsi: tʃi:slo]

remetente (m)	odesílatel (m)	[odɛsi:latɛl]
destinatário (m)	příjemce (m)	[prʃi:jɛmtsɛ]

nome (m)	jméno (s)	[jmɛ:no]
apelido (m)	příjmení (s)	[prʃi:jmɛni:]
tarifa (f)	tarif (m)	[tarɪf]
ordinário	obyčejný	[obɪtʃɛjni:]
económico	zlevněný	[zlɛvneni:]

peso (m)	váha (ž)	[va:ha]
pesar (estabelecer o peso)	vážit	[va:ʒɪt]
envelope (m)	obálka (ž)	[oba:lka]
selo (m)	známka (ž)	[zna:mka]
colar o selo	nalepovat známku	[nalɛpovat zna:mku]

43. Banca

banco (m)	banka (ž)	[baŋka]
sucursal, balcão (f)	pobočka (ž)	[pobotʃka]

| consultor (m) | konzultant (m) | [konzultant] |
| gerente (m) | správce (m) | [spra:vʦɛ] |

conta (f)	účet (m)	[u:ʧɛt]
número (m) da conta	číslo (s) účtu	[ʧi:slo u:ʧtu]
conta (f) corrente	běžný účet (m)	[beʒni: u:ʧɛt]
conta (f) poupança	spořitelní účet (m)	[sporʒitɛlni: u:ʧɛt]

abrir uma conta	založit účet	[zaloʒit u:ʧɛt]
fechar uma conta	uzavřít účet	[uzavrʒi:t u:ʧɛt]
depositar na conta	uložit na účet	[uloʒit na u:ʧɛt]
levantar (vt)	vybrat z účtu	[vɪbrat s u:ʧtu]

depósito (m)	vklad (m)	[fklat]
fazer um depósito	uložit vklad	[uloʒit fklat]
transferência (f) bancária	převod (m)	[prʃɛvot]
transferir (vt)	převést	[prʃɛvɛ:st]

| soma (f) | částka (ž) | [ʧa:stka] |
| Quanto? | Kolik? | [kolɪk] |

| assinatura (f) | podpis (m) | [potpɪs] |
| assinar (vt) | podepsat | [podɛpsat] |

cartão (m) de crédito	kreditní karta (ž)	[krɛdɪtni: karta]
código (m)	kód (m)	[ko:t]
número (m) do cartão de crédito	číslo (s) kreditní karty	[ʧi:slo krɛdɪtni: kartɪ]
Caixa Multibanco (m)	bankomat (m)	[baŋkomat]

cheque (m)	šek (m)	[ʃɛk]
passar um cheque	vystavit šek	[vɪstavɪt ʃɛk]
livro (m) de cheques	šeková knížka (ž)	[ʃɛkova: kni:ʃka]

empréstimo (m)	úvěr (m)	[u:ver]
pedir um empréstimo	žádat o úvěr	[ʒa:dat o u:ver]
obter um empréstimo	brát na úvěr	[bra:t na u:ver]
conceder um empréstimo	poskytovat úvěr	[poskɪtovat u:ver]
garantia (f)	kauce (ž)	[kauʦɛ]

44. Telefone. Conversação telefónica

telefone (m)	telefon (m)	[tɛlɛfon]
telemóvel (m)	mobilní telefon (m)	[mobɪlni: tɛlɛfon]
secretária (f) electrónica	záznamník (m)	[za:znamni:k]

| fazer uma chamada | volat | [volat] |
| chamada (f) | hovor (m), volání (s) | [hovor], [vola:ni:] |

marcar um número	vytočit číslo	[vɪtoʧɪt ʧi:slo]
Alô!	Prosím!	[prosi:m]
perguntar (vt)	zeptat se	[zɛptat sɛ]
responder (vt)	odpovědět	[otpovedet]
ouvir (vt)	slyšet	[slɪʃɛt]

49

bem	dobře	[dobrʒɛ]
mal	špatně	[ʃpatne]
ruído (m)	poruchy (ž mn)	[poruxɪ]

auscultador (m)	sluchátko (s)	[sluxa:tko]
pegar o telefone	vzít sluchátko	[vzi:t sluxa:tko]
desligar (vi)	zavěsit sluchátko	[zavesɪt sluxa:tko]

ocupado	obsazeno	[opsazɛno]
tocar (vi)	zvonit	[zvonɪt]
lista (f) telefónica	telefonní seznam (m)	[tɛlɛfonni: sɛznam]

local	místní	[mi:stni:]
de longa distância	dálkový	[da:lkovi:]
internacional	mezinárodní	[mɛzɪna:rodni:]

45. Telefone móvel

telemóvel (m)	mobilní telefon (m)	[mobɪlni: tɛlɛfon]
ecrã (m)	displej (m)	[dɪsplɛj]
botão (m)	tlačítko (s)	[tlatʃi:tko]
cartão SIM (m)	SIM karta (ž)	[sɪm karta]

bateria (f)	baterie (ž)	[batɛrɪe]
descarregar-se	vybít se	[vɪbi:t sɛ]
carregador (m)	nabíječka (ž)	[nabi:jɛtʃka]

menu (m)	nabídka (ž)	[nabi:tka]
definições (f pl)	nastavení (s)	[nastavɛni:]
melodia (f)	melodie (ž)	[mɛlodɪe]
escolher (vt)	vybrat	[vɪbrat]

calculadora (f)	kalkulačka (ž)	[kalkulatʃka]
correio (m) de voz	hlasová schránka (ž)	[hlasova: sxra:ŋka]
despertador (m)	budík (m)	[budi:k]
contatos (m pl)	telefonní seznam (m)	[tɛlɛfonni: sɛznam]

| mensagem (f) de texto | SMS zpráva (ž) | [ɛsɛmɛs spra:va] |
| assinante (m) | účastník (m) | [u:tʃastni:k] |

46. Estacionário

| caneta (f) | pero (s) | [pɛro] |
| caneta (f) tinteiro | plnicí pero (s) | [plnɪtsi: pɛro] |

lápis (m)	tužka (ž)	[tuʃka]
marcador (m)	značkovač (m)	[znatʃkovatʃ]
caneta (f) de feltro	fix (m)	[fɪks]

bloco (m) de notas	notes (m)	[notɛs]
agenda (f)	diář (m)	[dɪa:rʃ]
régua (f)	pravítko (s)	[pravi:tko]

calculadora (f)	kalkulačka (ž)	[kalkulatʃka]
borracha (f)	guma (ž)	[guma]
pionés (m)	napínáček (m)	[napi:na:tʃɛk]
clipe (m)	svorka (ž)	[svorka]

cola (f)	lepidlo (s)	[lɛpɪdlo]
agrafador (m)	sešívačka (ž)	[sɛʃi:vatʃka]
furador (m)	dírkovačka (ž)	[di:rkovatʃka]
afia-lápis (m)	ořezávátko (s)	[orʒɛza:va:tko]

47. Línguas estrangeiras

língua (f)	jazyk (m)	[jazɪk]
língua (f) estrangeira	cizí jazyk (m)	[tsɪzi: jazɪk]
estudar (vt)	studovat	[studovat]
aprender (vt)	učit se	[utʃɪt sɛ]

ler (vt)	číst	[tʃi:st]
falar (vi)	mluvit	[mluvɪt]
compreender (vt)	rozumět	[rozumnet]
escrever (vt)	psát	[psa:t]

rapidamente	rychle	[rɪxlɛ]
devagar	pomalu	[pomalu]
fluentemente	plynně	[plɪnne]

regras (f pl)	pravidla (s mn)	[pravɪdla]
gramática (f)	mluvnice (ž)	[mluvnɪtsɛ]
vocabulário (m)	slovní zásoba (ž)	[slovni: za:soba]
fonética (f)	hláskosloví (s)	[hla:skoslovi:]

manual (m) escolar	učebnice (ž)	[utʃɛbnɪtsɛ]
dicionário (m)	slovník (m)	[slovni:k]
manual (m) de autoaprendizagem	učebnice (ž) pro samouky	[utʃɛbnɪtsɛ pro samoukɪ]
guia (m) de conversação	konverzace (ž)	[konvɛrzatsɛ]

cassete (f)	kazeta (ž)	[kazɛta]
vídeo cassete (m)	videokazeta (ž)	[vɪdɛokazɛta]
CD (m)	CD disk (m)	[tsɛ:dɛ: dɪsk]
DVD (m)	DVD (s)	[dɛvɛdɛ]

alfabeto (m)	abeceda (ž)	[abɛtsɛda]
soletrar (vt)	hláskovat	[hla:skovat]
pronúncia (f)	výslovnost (ž)	[vi:slovnost]

sotaque (m)	cizí přízvuk (m)	[tsɪzi: prʃi:zvuk]
com sotaque	s cizím přízvukem	[s tsɪzi:m prʃi:zvukɛm]
sem sotaque	bez cizího přízvuku	[bɛz tsɪzi:ho prʃi:zvuku]

palavra (f)	slovo (s)	[slovo]
sentido (m)	smysl (m)	[smɪsl]
cursos (m pl)	kurzy (m mn)	[kurzɪ]
inscrever-se (vr)	zapsat se	[zapsat sɛ]

professor (m)	vyučující (m)	[vɪutʃujiːʦi:]
tradução (processo)	překlad (m)	[prʃɛklat]
tradução (texto)	překlad (m)	[prʃɛklat]
tradutor (m)	překladatel (m)	[prʃɛkladatɛl]
intérprete (m)	tlumočník (m)	[tlumotʃniːk]

| poliglota (m) | polyglot (m) | [polɪglot] |
| memória (f) | paměť (ż) | [pamnetʲ] |

REFEIÇÕES. RESTAURANTE

48. Por a mesa

colher (f)	lžíce (ž)	[ʒi:ʦɛ]
faca (f)	nůž (m)	[nu:ʃ]
garfo (m)	vidlička (ž)	[vɪdlɪʧka]

chávena (f)	šálek (m)	[ʃa:lɛk]
prato (m)	talíř (m)	[tali:rʃ]
pires (m)	talířek (m)	[tali:rʒɛk]
guardanapo (m)	ubrousek (m)	[ubrousɛk]
palito (m)	párátko (s)	[pa:ra:tko]

49. Restaurante

restaurante (m)	restaurace (ž)	[rɛstauraʦɛ]
café (m)	kavárna (ž)	[kava:rna]
bar (m), cervejaria (f)	bar (m)	[bar]
salão (m) de chá	čajovna (ž)	[ʧajovna]

empregado (m) de mesa	číšník (m)	[ʧi:ʃni:k]
empregada (f) de mesa	číšnice (ž)	[ʧi:ʃnɪʦɛ]
barman (m)	barman (m)	[barman]

ementa (f)	jídelní lístek (m)	[ji:dɛlni: li:stɛk]
lista (f) de vinhos	nápojový lístek (m)	[na:pojovi: li:stɛk]
reservar uma mesa	rezervovat stůl	[rɛzɛrvovat stu:l]

prato (m)	jídlo (s)	[ji:dlo]
pedir (vt)	objednat si	[objɛdnat sɪ]
fazer o pedido	objednat si	[objɛdnat sɪ]

aperitivo (m)	aperitiv (m)	[apɛrɪtɪf]
entrada (f)	předkrm (m)	[prʃɛtkrm]
sobremesa (f)	desert (m)	[dɛsɛrt]

conta (f)	účet (m)	[u:ʧɛt]
pagar a conta	zaplatit účet	[zaplatɪt u:ʧɛt]
dar o troco	dát nazpátek	[da:t naspa:tɛk]
gorjeta (f)	spropitné (s)	[sproprɪtnɛ:]

50. Refeições

| comida (f) | jídlo (s) | [ji:dlo] |
| comer (vt) | jíst | [ji:st] |

pequeno-almoço (m)	snídaně (ž)	[sni:dane]
tomar o pequeno-almoço	snídat	[sni:dat]
almoço (m)	oběd (m)	[obet]
almoçar (vi)	obědvat	[obedvat]
jantar (m)	večeře (ž)	[vɛtʃɛrʒɛ]
jantar (vi)	večeřet	[vɛtʃɛrʒɛt]

| apetite (m) | chuť (ž) k jídlu | [xutʲ k ji:dlu] |
| Bom apetite! | Dobrou chuť! | [dobrou xutʲ] |

abrir (~ uma lata, etc.)	otvírat	[otvi:rat]
derramar (vt)	rozlít	[rozli:t]
derramar-se (vr)	rozlít se	[rozli:t sɛ]

ferver (vi)	vřít	[vrʒi:t]
ferver (vt)	vařit	[varʒɪt]
fervido	svařený	[svarʒɛni:]
arrefecer (vt)	ochladit	[oxladɪt]
arrefecer-se (vr)	ochlazovat se	[oxlazovat sɛ]

| sabor, gosto (m) | chuť (ž) | [xutʲ] |
| gostinho (m) | příchuť (ž) | [prʃi:xutʲ] |

fazer dieta	držet dietu	[drʒet dɪetu]
dieta (f)	dieta (ž)	[dɪeta]
vitamina (f)	vitamín (m)	[vɪtami:n]
caloria (f)	kalorie (ž)	[kalorɪe]
vegetariano (m)	vegetarián (m)	[vɛgɛtarɪa:n]
vegetariano	vegetariánský	[vɛgɛtarɪa:nski:]

gorduras (f pl)	tuky (m)	[tukɪ]
proteínas (f pl)	bílkoviny (ž)	[bi:lkovɪnɪ]
carboidratos (m pl)	karbohydráty (mn)	[karbohɪdrati:]
fatia (~ de limão, etc.)	plátek (m)	[pla:tɛk]
pedaço (~ de bolo)	kousek (m)	[kousɛk]
migalha (f)	drobek (m)	[drobɛk]

51. Pratos cozinhados

prato (m)	jídlo (s)	[ji:dlo]
cozinha (~ portuguesa)	kuchyně (ž)	[kuxɪne]
receita (f)	recept (m)	[rɛtsɛpt]
porção (f)	porce (ž)	[portsɛ]

| salada (f) | salát (m) | [sala:t] |
| sopa (f) | polévka (ž) | [polɛ:fka] |

caldo (m)	vývar (m)	[vi:var]
sandes (f)	obložený chlebíček (m)	[oblɔʒeni: xlɛbi:tʃɛk]
ovos (m pl) estrelados	míchaná vejce (s mn)	[mi:xana: vɛjtsɛ]

hambúrguer (m)	hamburger (m)	[hamburgɛr]
bife (m)	biftek (m)	[bɪftɛk]
conduto (m)	příloha (ž)	[prʃi:loha]

espaguete (m)	spagety (m mn)	[spagɛtɪ]
puré (m) de batata	bramborová kaše (ž)	[bramborova: kaʃɛ]
pizza (f)	pizza (ž)	[pɪtsa]
papa (f)	kaše (ž)	[kaʃɛ]
omelete (f)	omeleta (ž)	[omɛlɛta]

cozido em água	vařený	[varʒɛni:]
fumado	uzený	[uzɛni:]
frito	smažený	[smaʒeni:]
seco	sušený	[suʃɛni:]
congelado	zmražený	[zmraʒeni:]
em conserva	marinovaný	[marɪnovani:]

doce (açucarado)	sladký	[slatki:]
salgado	slaný	[slani:]
frio	studený	[studɛni:]
quente	teplý	[tɛpli:]
amargo	hořký	[horʃki:]
gostoso	chutný	[xutni:]

cozinhar (em água a ferver)	vařit	[varʒɪt]
fazer, preparar (vt)	vařit	[varʒɪt]
fritar (vt)	smažit	[smaʒɪt]
aquecer (vt)	ohřívat	[ohrʒi:vat]

salgar (vt)	solit	[solɪt]
apimentar (vt)	pepřit	[pɛprʃɪt]
ralar (vt)	strouhat	[strouhat]
casca (f)	slupka (ž)	[slupka]
descascar (vt)	loupat	[loupat]

52. Comida

carne (f)	maso (s)	[maso]
galinha (f)	slepice (ž)	[slɛpɪtsɛ]
frango (m)	kuře (s)	[kurʒɛ]
pato (m)	kachna (ž)	[kaxna]
ganso (m)	husa (ž)	[husa]
caça (f)	zvěřina (ž)	[zverʒɪna]
peru (m)	krůta (ž)	[kru:ta]

carne (f) de porco	vepřové (s)	[vɛprʃovɛ:]
carne (f) de vitela	telecí (s)	[tɛlɛtsi:]
carne (f) de carneiro	skopové (s)	[skopovɛ:]
carne (f) de vaca	hovězí (s)	[hovezi:]
carne (f) de coelho	králík (m)	[kra:li:k]

chouriço, salsichão (m)	salám (m)	[sala:m]
salsicha (f)	párek (m)	[pa:rɛk]
bacon (m)	slanina (ž)	[slanɪna]
fiambre (f)	šunka (ž)	[ʃuŋka]
presunto (m)	kýta (ž)	[ki:ta]
patê (m)	paštika (ž)	[paʃtɪka]
fígado (m)	játra (s mn)	[ja:tra]

| carne (f) moída | mleté maso (s) | [mlɛtɛ: maso] |
| língua (f) | jazyk (m) | [jazɪk] |

ovo (m)	vejce (s)	[vɛjtsɛ]
ovos (m pl)	vejce (s mn)	[vɛjtsɛ]
clara (f) do ovo	bílek (m)	[bi:lɛk]
gema (f) do ovo	žloutek (m)	[ʒloutɛk]

peixe (m)	ryby (ž mn)	[rɪbɪ]
mariscos (m pl)	mořské plody (m mn)	[morʃskɛ: plodɪ]
caviar (m)	kaviár (m)	[kavɪa:r]

caranguejo (m)	krab (m)	[krap]
camarão (m)	kreveta (ž)	[krɛvɛta]
ostra (f)	ústřice (ž)	[u:strʃɪtsɛ]
lagosta (f)	langusta (ž)	[langusta]
polvo (m)	chobotnice (ž)	[xobotnɪtsɛ]
lula (f)	sépie (ž)	[sɛ:pɪe]

esturjão (m)	jeseter (m)	[jɛsɛtɛr]
salmão (m)	losos (m)	[losos]
halibute (m)	platýs (m)	[plati:s]

bacalhau (m)	treska (ž)	[trɛska]
cavala, sarda (f)	makrela (ž)	[makrɛla]
atum (m)	tuňák (m)	[tunʲa:k]
enguia (f)	úhoř (m)	[u:horʃ]

truta (f)	pstruh (m)	[pstrux]
sardinha (f)	sardinka (ž)	[sardɪŋka]
lúcio (m)	štika (ž)	[ʃtɪka]
arenque (m)	sleď (ž)	[slɛtʲ]

pão (m)	chléb (m)	[xlɛ:p]
queijo (m)	sýr (m)	[si:r]
açúcar (m)	cukr (m)	[tsukr]
sal (m)	sůl (ž)	[su:l]

arroz (m)	rýže (ž)	[ri:ʒe]
massas (f pl)	makaróny (m mn)	[makaro:nɪ]
talharim (m)	nudle (ž mn)	[nudlɛ]

manteiga (f)	máslo (s)	[ma:slo]
óleo (m) vegetal	olej (m)	[olɛj]
óleo (m) de girassol	slunečnicový olej (m)	[slunɛtʃnɪtsovi: olɛj]
margarina (f)	margarín (m)	[margari:n]

| azeitonas (f pl) | olivy (ž) | [olɪvɪ] |
| azeite (m) | olivový olej (m) | [olɪvovi: olɛj] |

leite (m)	mléko (s)	[mlɛ:ko]
leite (m) condensado	kondenzované mléko (s)	[kondɛnzovanɛ: mlɛ:ko]
iogurte (m)	jogurt (m)	[jogurt]
nata (f) azeda	kyselá smetana (ž)	[kɪsɛla: smɛtana]
nata (f) do leite	sladká smetana (ž)	[slatka: smɛtana]
maionese (f)	majonéza (ž)	[majonɛ:za]

creme (m)	krém (m)	[krɛːm]
grãos (m pl) de cereais	kroupy (ž mn)	[kroupɪ]
farinha (f)	mouka (ž)	[mouka]
enlatados (m pl)	konzerva (ž)	[konzɛrva]

flocos (m pl) de milho	kukuřičné vločky (ž mn)	[kukurʒɪtʃnɛ: vlotʃkɪ]
mel (m)	med (m)	[mɛt]
doce (m)	džem (m)	[dʒem]
pastilha (f) elástica	žvýkačka (ž)	[ʒviːkatʃka]

53. Bebidas

água (f)	voda (ž)	[voda]
água (f) potável	pitná voda (ž)	[pɪtna: voda]
água (f) mineral	minerální voda (ž)	[mɪnɛraːlni: voda]

sem gás	neperlivý	[nɛpɛrlɪviː]
gaseificada	perlivý	[pɛrlɪviː]
com gás	perlivý	[pɛrlɪviː]
gelo (m)	led (m)	[lɛt]
com gelo	s ledem	[s lɛdɛm]

sem álcool	nealkoholický	[nɛalkoholɪtski:]
bebida (f) sem álcool	nealkoholický nápoj (m)	[nɛalkoholɪtski: na:poj]
refresco (m)	osvěžující nápoj (m)	[osvɛʒuji:tsi: na:poj]
limonada (f)	limonáda (ž)	[lɪmona:da]

bebidas (f pl) alcoólicas	alkoholické nápoje (m mn)	[alkoholɪtskɛ: na:pojɛ]
vinho (m)	víno (s)	[vi:no]
vinho (m) branco	bílé víno (s)	[bi:lɛ: vi:no]
vinho (m) tinto	červené víno (s)	[tʃɛrvɛnɛ: vi:no]

licor (m)	likér (m)	[lɪkɛːr]
champanhe (m)	šampaňské (s)	[ʃampanʲskɛ:]
vermute (m)	vermut (m)	[vɛrmut]

uísque (m)	whisky (ž)	[vɪskɪ]
vodka (f)	vodka (ž)	[votka]
gim (m)	džin (m)	[dʒɪn]
conhaque (m)	koňak (m)	[konʲak]
rum (m)	rum (m)	[rum]

café (m)	káva (ž)	[ka:va]
café (m) puro	černá káva (ž)	[tʃɛrna: ka:va]
café (m) com leite	bílá káva (ž)	[bi:la: ka:va]
cappuccino (m)	kapučíno (s)	[kaputʃi:no]
café (m) solúvel	rozpustná káva (ž)	[rozpustna: ka:va]

leite (m)	mléko (s)	[mlɛ:ko]
coquetel (m)	koktail (m)	[koktajl]
batido (m) de leite	mléčný koktail (m)	[mlɛtʃni: koktajl]

| sumo (m) | šťáva (ž), džus (m) | [ʃtʲa:va], [dʒus] |
| sumo (m) de tomate | rajčatová šťáva (ž) | [rajtʃatova: ʃtʲa:va] |

| sumo (m) de laranja | pomerančový džus (m) | [pomɛrantʃovi: dʒus] |
| sumo (m) fresco | vymačkaná šťáva (ž) | [vɪmatʃkana: ʃťa:va] |

cerveja (f)	pivo (s)	[pɪvo]
cerveja (f) clara	světlé pivo (s)	[svetlɛ: pɪvo]
cerveja (f) preta	tmavé pivo (s)	[tmavɛ: pɪvo]

chá (m)	čaj (m)	[tʃaj]
chá (m) preto	černý čaj (m)	[tʃɛrni: tʃaj]
chá (m) verde	zelený čaj (m)	[zɛlɛni: tʃaj]

54. Vegetais

| legumes (m pl) | zelenina (ž) | [zɛlɛnɪna] |
| verduras (f pl) | zelenina (ž) | [zɛlɛnɪna] |

tomate (m)	rajské jablíčko (s)	[rajskɛ: jabli:tʃko]
pepino (m)	okurka (ž)	[okurka]
cenoura (f)	mrkev (ž)	[mrkɛf]
batata (f)	brambory (ž mn)	[bramborɪ]
cebola (f)	cibule (ž)	[tsɪbulɛ]
alho (m)	česnek (m)	[tʃɛsnɛk]

couve (f)	zelí (s)	[zɛli:]
couve-flor (f)	květák (m)	[kveta:k]
couve-de-bruxelas (f)	růžičková kapusta (ž)	[ru:ʒɪtʃkova: kapusta]
brócolos (m pl)	brokolice (ž)	[brokolɪtsɛ]
beterraba (f)	červená řepa (ž)	[tʃɛrvena: rʒɛpa]
beringela (f)	lilek (m)	[lɪlɛk]
curgete (f)	cukina, cuketa (ž)	[tsukɪna], [tsuketa]
abóbora (f)	tykev (ž)	[tɪkɛf]
nabo (m)	vodní řepa (ž)	[vodni: rʒɛpa]

salsa (f)	petržel (ž)	[pɛtrʒel]
funcho, endro (m)	kopr (m)	[kopr]
alface (f)	salát (m)	[sala:t]
aipo (m)	celer (m)	[tsɛlɛr]
espargo (m)	chřest (m)	[xrʃɛst]
espinafre (m)	špenát (m)	[ʃpɛna:t]
ervilha (f)	hrách (m)	[hra:x]
fava (f)	boby (m mn)	[bobɪ]
milho (m)	kukuřice (ž)	[kukurʒɪtsɛ]
feijão (m)	fazole (ž)	[fazolɛ]

pimentão (m)	pepř (m)	[pɛprʃ]
rabanete (m)	ředkvička (ž)	[rʒɛtkvɪtʃka]
alcachofra (f)	artyčok (m)	[artɪtʃok]

55. Frutos. Nozes

| fruta (f) | ovoce (s) | [ovotsɛ] |
| maçã (f) | jablko (s) | [jablko] |

pera (f)	hruška (ž)	[hruʃka]
limão (m)	citrón (m)	[tsɪtro:n]
laranja (f)	pomeranč (m)	[pomɛrantʃ]
morango (m)	zahradní jahody (ž mn)	[zahradni: jahodɪ]

tangerina (f)	mandarinka (ž)	[mandarɪŋka]
ameixa (f)	švestka (ž)	[ʃvɛstka]
pêssego (m)	broskev (ž)	[broskɛf]
damasco (m)	meruňka (ž)	[mɛrunʲka]
framboesa (f)	maliny (ž mn)	[malɪnɪ]
ananás (m)	ananas (m)	[ananas]

banana (f)	banán (m)	[bana:n]
melancia (f)	vodní meloun (m)	[vodni: mɛloun]
uva (f)	hroznové víno (s)	[hroznovɛ: vi:no]
ginja (f)	višně (ž)	[vɪʃne]
cereja (f)	třešně (ž)	[trʃɛʃne]
meloa (f)	cukrový meloun (m)	[tsukrovi: mɛloun]

toranja (f)	grapefruit (m)	[grɛjpfru:t]
abacate (m)	avokádo (s)	[avoka:do]
papaia (f)	papája (ž)	[papa:ja]
manga (f)	mango (s)	[mango]
romã (f)	granátové jablko (s)	[grana:tovɛ: jablko]

groselha (f) vermelha	červený rybíz (m)	[tʃɛrvɛni: rɪbi:z]
groselha (f) preta	černý rybíz (m)	[tʃɛrni: rɪbi:z]
groselha (f) espinhosa	angrešt (m)	[angrɛʃt]
mirtilo (m)	borůvky (ž mn)	[boru:fkɪ]
amora silvestre (f)	ostružiny (ž mn)	[ostruʒɪnɪ]

uvas (f pl) passas	hrozinky (ž mn)	[hrozɪŋkɪ]
figo (m)	fík (m)	[fi:k]
tâmara (f)	datle (ž)	[datlɛ]

amendoim (m)	burský oříšek (m)	[burski: orʒi:ʃɛk]
amêndoa (f)	mandle (ž)	[mandlɛ]
noz (f)	vlašský ořech (m)	[vlaʃski: orʒɛx]
avelã (f)	lískový ořech (m)	[li:skovi: orʒɛx]
coco (m)	kokos (m)	[kokos]
pistáchios (m pl)	pistácie (ž)	[pɪsta:tsɪe]

56. Pão. Bolaria

pastelaria (f)	cukroví (s)	[tsukrovi:]
pão (m)	chléb (m)	[xlɛ:p]
bolacha (f)	sušenky (ž mn)	[suʃɛŋkɪ]

chocolate (m)	čokoláda (ž)	[tʃokola:da]
de chocolate	čokoládový	[tʃokola:dovi:]
rebuçado (m)	bonbón (m)	[bonbo:n]
bolo (cupcake, etc.)	zákusek (m)	[za:kusɛk]
bolo (m) de aniversário	dort (m)	[dort]
tarte (~ de maçã)	koláč (m)	[kola:tʃ]

recheio (m)	nádivka (ž)	[naːdɪfka]
doce (m)	zavařenina (ž)	[zavarʒɛnɪna]
geleia (f) de frutas	marmeláda (ž)	[marmɛlaːda]
waffle (m)	oplatky (mn)	[oplatkɪ]
gelado (m)	zmrzlina (ž)	[zmrzlɪna]

57. Especiarias

sal (m)	sůl (ž)	[suːl]
salgado	slaný	[slaniː]
salgar (vt)	solit	[solɪt]

pimenta (f) preta	černý pepř (m)	[ʧɛrniː pɛprʃ]
pimenta (f) vermelha	červená paprika (ž)	[ʧɛrvɛnaː paprɪka]
mostarda (f)	hořčice (ž)	[horʃʧɪtsɛ]
raiz-forte (f)	křen (m)	[krʃɛn]

condimento (m)	ochucovadlo (s)	[oxutsovadlo]
especiaria (f)	koření (s)	[korʒɛniː]
molho (m)	omáčka (ž)	[omaːʧka]
vinagre (m)	ocet (m)	[otsɛt]

anis (m)	anýz (m)	[aniːz]
manjericão (m)	bazalka (ž)	[bazalka]
cravo (m)	hřebíček (m)	[hrʒɛbiːʧɛk]
gengibre (m)	zázvor (m)	[zaːzvor]
coentro (m)	koriandr (m)	[korɪandr]
canela (f)	skořice (ž)	[skorʒɪtsɛ]

sésamo (m)	sezam (m)	[sɛzam]
folhas (f pl) de louro	bobkový list (m)	[bopkoviː lɪst]
páprica (f)	paprika (ž)	[paprɪka]
cominho (m)	kmín (m)	[kmiːn]
açafrão (m)	šafrán (m)	[ʃafraːn]

INFORMAÇÃO PESSOAL. FAMÍLIA

58. Informação pessoal. Formulários

nome (m)	jméno (s)	[jmɛ:no]
apelido (m)	příjmení (s)	[prʃi:jmɛni:]
data (f) de nascimento	datum (s) narození	[datum narozɛni:]
local (m) de nascimento	místo (s) narození	[mi:sto narozɛni:]
nacionalidade (f)	národnost (ž)	[na:rodnost]
lugar (m) de residência	bydliště (s)	[bɪdlɪʃte]
país (m)	země (ž)	[zɛmnɛ]
profissão (f)	povolání (s)	[povola:ni:]
sexo (m)	pohlaví (s)	[pohlavi:]
estatura (f)	postava (ž)	[postava]
peso (m)	váha (ž)	[va:ha]

59. Membros da família. Parentes

mãe (f)	matka (ž)	[matka]
pai (m)	otec (m)	[otɛts]
filho (m)	syn (m)	[sɪn]
filha (f)	dcera (ž)	[dtsɛra]
filha (f) mais nova	nejmladší dcera (ž)	[nɛjmladʃi: dtsɛra]
filho (m) mais novo	nejmladší syn (m)	[nɛjmladʃi: sɪn]
filha (f) mais velha	nejstarší dcera (ž)	[nɛjstarʃi: dtsɛra]
filho (m) mais velho	nejstarší syn (m)	[nɛjstarʃi: sɪn]
irmão (m)	bratr (m)	[bratr]
irmã (f)	sestra (ž)	[sɛstra]
primo (m)	bratranec (m)	[bratranɛts]
prima (f)	sestřenice (ž)	[sɛstrʃɛnɪtsɛ]
mamã (f)	maminka (ž)	[mamɪŋka]
papá (m)	táta (m)	[ta:ta]
pais (pl)	rodiče (m mn)	[rodɪtʃɛ]
criança (f)	dítě (s)	[di:te]
crianças (f pl)	děti (ž mn)	[detɪ]
avó (f)	babička (ž)	[babɪtʃka]
avô (m)	dědeček (m)	[dedɛtʃɛk]
neto (m)	vnuk (m)	[vnuk]
neta (f)	vnučka (ž)	[vnutʃka]
netos (pl)	vnuci (m mn)	[vnutsɪ]
tio (m)	strýc (m)	[stri:ts]
tia (f)	teta (ž)	[tɛta]

sobrinho (m)	synovec (m)	[sɪnovɛts]
sobrinha (f)	neteř (ž)	[nɛtɛrʃ]

sogra (f)	tchyně (ž)	[txɪne]
sogro (m)	tchán (m)	[txaːn]
genro (m)	zeť (m)	[zɛtʲ]
madrasta (f)	nevlastní matka (ž)	[nɛvlastni: matka]
padrasto (m)	nevlastní otec (m)	[nɛvlastni: otɛts]

criança (f) de colo	kojenec (m)	[kojɛnɛts]
bebé (m)	nemluvně (s)	[nɛmluvne]
menino (m)	děcko (s)	[detsko]

mulher (f)	žena (ž)	[ʒena]
marido (m)	muž (m)	[muʃ]
esposo (m)	manžel (m)	[manʒel]
esposa (f)	manželka (ž)	[manʒelka]

casado	ženatý	[ʒenati:]
casada	vdaná	[vdana:]
solteiro	svobodný	[svobodni:]
solteirão (m)	mládenec (m)	[mla:dɛnɛts]
divorciado	rozvedený	[rozvɛdɛni:]
viúva (f)	vdova (ž)	[vdova]
viúvo (m)	vdovec (m)	[vdovɛts]

parente (m)	příbuzný (m)	[prʃi:buzni:]
parente (m) próximo	blízký příbuzný (m)	[bli:ski: prʃi:buzni:]
parente (m) distante	vzdálený příbuzný (m)	[vzda:lɛni: prʃi:buzni:]
parentes (m pl)	příbuzenstvo (s)	[prʃi:buzɛnstvo]

órfão (m), órfã (f)	sirotek (m, ž)	[sɪrotɛk]
tutor (m)	poručník (m)	[porutʃni:k]
adotar (um filho)	adoptovat	[adoptovat]
adotar (uma filha)	adoptovat dívku	[adoptovat difku]

60. Amigos. Colegas de trabalho

amigo (m)	přítel (m)	[prʃi:tɛl]
amiga (f)	přítelkyně (ž)	[prʃi:tɛlkɪne]
amizade (f)	přátelství (s)	[prʃa:tɛlstvi:]
ser amigos	kamarádit	[kamara:dɪt]

amigo (m)	kamarád (m)	[kamara:t]
amiga (f)	kamarádka (ž)	[kamara:tka]
parceiro (m)	partner (m)	[partnɛr]

chefe (m)	šéf (m)	[ʃɛ:f]
superior (m)	vedoucí (m)	[vɛdoutsi:]
subordinado (m)	podřízený (m)	[podrʒi:zɛni:]
colega (m)	kolega (m)	[kolɛga]

conhecido (m)	známý (m)	[zna:mi:]
companheiro (m) de viagem	spolucestující (m)	[spolutsɛstuji:tsi:]

colega (m) de classe	**spolužák** (m)	[spoluʒaːk]
vizinho (m)	**soused** (m)	[sousɛt]
vizinha (f)	**sousedka** (ž)	[sousɛtka]
vizinhos (pl)	**sousedé** (m mn)	[sousɛdɛ:]

CORPO HUMANO. MEDICINA

61. Cabeça

cabeça (f)	hlava (ž)	[hlava]
cara (f)	obličej (ž)	[oblɪʧɛj]
nariz (m)	nos (m)	[nɔs]
boca (f)	ústa (s mn)	[u:sta]
olho (m)	oko (s)	[oko]
olhos (m pl)	oči (s mn)	[otʃɪ]
pupila (f)	zornice (ž)	[zornɪʦɛ]
sobrancelha (f)	obočí (s)	[obotʃi:]
pestana (f)	řasa (ž)	[rʒasa]
pálpebra (f)	víčko (s)	[vi:ʧko]
língua (f)	jazyk (m)	[jazɪk]
dente (m)	zub (m)	[zup]
lábios (m pl)	rty (m mn)	[rtɪ]
maçãs (f pl) do rosto	lícní kosti (ž mn)	[li:ʦni: kostɪ]
gengiva (f)	dáseň (ž)	[da:sɛnʲ]
palato (m)	patro (s)	[patro]
narinas (f pl)	chřípí (s)	[xrʃi:pi:]
queixo (m)	brada (ž)	[brada]
mandíbula (f)	čelist (ž)	[ʧɛlɪst]
bochecha (f)	tvář (ž)	[tva:rʃ]
testa (f)	čelo (s)	[ʧɛlo]
têmpora (f)	spánek (s)	[spa:nɛk]
orelha (f)	ucho (s)	[uxo]
nuca (f)	týl (m)	[ti:l]
pescoço (m)	krk (m)	[krk]
garganta (f)	hrdlo (s)	[hrdlo]
cabelos (m pl)	vlasy (m mn)	[vlasɪ]
penteado (m)	účes (m)	[u:ʧɛs]
corte (m) de cabelo	střih (m)	[strʃɪx]
peruca (f)	paruka (ž)	[paruka]
bigode (m)	vousy (m mn)	[vousɪ]
barba (f)	plnovous (m)	[plnovous]
usar, ter (~ barba, etc.)	nosit	[nosɪt]
trança (f)	cop (m)	[ʦop]
suíças (f pl)	licousy (m mn)	[lɪʦousɪ]
ruivo	zrzavý	[zrzavi:]
grisalho	šedivý	[ʃɛdɪvi:]
calvo	lysý	[lɪsi:]
calva (f)	lysina (ž)	[lɪsɪna]

| rabo-de-cavalo (m) | ocas (m) | [oʦas] |
| franja (f) | ofina (ž) | [ofɪna] |

62. Corpo humano

| mão (f) | ruka (ž) | [ruka] |
| braço (m) | ruka (ž) | [ruka] |

dedo (m)	prst (m)	[prst]
polegar (m)	palec (m)	[palɛʦ]
dedo (m) mindinho	malíček (m)	[maliːʧɛk]
unha (f)	nehet (m)	[nɛhɛt]

punho (m)	pěst (ž)	[pest]
palma (f) da mão	dlaň (ž)	[dlanʲ]
pulso (m)	zápěstí (s)	[zaːpɛstiː]
antebraço (m)	předloktí (s)	[prʃɛdlokti:]
cotovelo (m)	loket (m)	[lokɛt]
ombro (m)	rameno (s)	[ramɛno]

perna (f)	noha (ž)	[noha]
pé (m)	chodidlo (s)	[xodɪdlo]
joelho (m)	koleno (s)	[kolɛno]
barriga (f) da perna	lýtko (s)	[liːtko]
anca (f)	stehno (s)	[stɛhno]
calcanhar (m)	pata (ž)	[pata]

corpo (m)	tělo (s)	[telo]
barriga (f)	břicho (s)	[brʒɪxo]
peito (m)	prsa (s mn)	[prsa]
seio (m)	prs (m)	[prs]
lado (m)	bok (m)	[bok]
costas (f pl)	záda (s mn)	[zaːda]
região (f) lombar	kříž (m)	[krʃiːʃ]
cintura (f)	pás (m)	[paːs]

umbigo (m)	pupek (m)	[pupɛk]
nádegas (f pl)	hýždě (ž mn)	[hiːʒde]
traseiro (m)	zadek (m)	[zadɛk]

sinal (m)	mateřské znaménko (s)	[matɛrʃkeː znamɛŋko]
tatuagem (f)	tetování (s)	[tɛtovaːniː]
cicatriz (f)	jizva (ž)	[jɪzva]

63. Doenças

doença (f)	nemoc (ž)	[nɛmoʦ]
estar doente	být nemocný	[biːt nɛmoʦniː]
saúde (f)	zdraví (s)	[zdraviː]

| nariz (m) a escorrer | rýma (ž) | [riːma] |
| amigdalite (f) | angína (ž) | [angiːna] |

constipação (f)	nachlazení (s)	[naxlazɛni:]
constipar-se (vr)	nachladit se	[naxladɪt sɛ]

bronquite (f)	bronchitida (ž)	[bronxɪti:da]
pneumonia (f)	zápal (m) plic	[za:pal plɪts]
gripe (f)	chřipka (ž)	[xrʃɪpka]

míope	krátkozraký	[kra:tkozraki:]
presbita	dalekozraký	[dalɛkozraki:]
estrabismo (m)	šilhavost (ž)	[ʃɪlhavost]
estrábico	šilhavý	[ʃɪlhavi:]
catarata (f)	šedý zákal (m)	[ʃɛdi: za:kal]
glaucoma (m)	zelený zákal (m)	[zɛlɛni: za:kal]

AVC (m), apoplexia (f)	mozková mrtvice (ž)	[moskova: mrtvɪtsɛ]
ataque (m) cardíaco	infarkt (m)	[ɪnfarkt]
enfarte (m) do miocárdio	infarkt (m) myokardu	[ɪnfarkt mɪokardu]
paralisia (f)	obrna (ž)	[obrna]
paralisar (vt)	paralyzovat	[paralɪzovat]

alergia (f)	alergie (ž)	[alɛrgɪe]
asma (f)	astma (s)	[astma]
diabetes (f)	cukrovka (ž)	[tsukrofka]

dor (f) de dentes	bolení (s) zubů	[bolɛni: zubu:]
cárie (f)	zubní kaz (m)	[zubni: kaz]

diarreia (f)	průjem (m)	[pru:jɛm]
prisão (f) de ventre	zácpa (ž)	[za:tspa]
desarranjo (m) intestinal	žaludeční potíže (ž mn)	[ʒaludɛtʃni: poti:ʒe]
intoxicação (f) alimentar	otrava (ž)	[otrava]
intoxicar-se	otrávit se	[otra:vɪt sɛ]

artrite (f)	artritida (ž)	[artrɪtɪda]
raquitismo (m)	rachitida (ž)	[raxɪtɪda]
reumatismo (m)	revmatismus (m)	[rɛvmatɪzmus]
arteriosclerose (f)	ateroskleróza (ž)	[atɛrosklɛro:za]

gastrite (f)	gastritida (ž)	[gastrɪtɪda]
apendicite (f)	apendicitida (ž)	[apɛndɪtsɪtɪda]
colecistite (f)	zánět (m) žlučníku	[za:net ʒlutʃni:ku]
úlcera (f)	vřed (m)	[vrʒɛt]

sarampo (m)	spalničky (ž mn)	[spalnɪtʃki:]
rubéola (f)	zarděnky (ž mn)	[zardeŋkɪ]
iterícia (f)	žloutenka (ž)	[ʒloutɛŋka]
hepatite (f)	hepatitida (ž)	[hɛpatɪtɪda]

esquizofrenia (f)	schizofrenie (ž)	[sxɪzofrɛnɪe]
raiva (f)	vzteklina (ž)	[vstɛklɪna]
neurose (f)	neuróza (ž)	[nɛuro:za]
comoção (f) cerebral	otřes (m) mozku	[otrʃɛs mosku]

cancro (m)	rakovina (ž)	[rakovɪna]
esclerose (f)	skleróza (ž)	[sklɛro:za]
esclerose (f) múltipla	roztroušená skleróza (ž)	[roztrouʃena: sklɛro:za]

alcoolismo (m)	alkoholismus (m)	[alkoholɪzmus]
alcoólico (m)	alkoholik (m)	[alkoholɪk]
sífilis (f)	syfilida (ž)	[sɪfɪlɪda]
SIDA (f)	AIDS (m)	[ajts]

tumor (m)	nádor (m)	[naːdor]
maligno	zhoubný	[zhoubniː]
benigno	nezhoubný	[nɛzhoubniː]

febre (f)	zimnice (ž)	[zɪmnɪtsɛ]
malária (f)	malárie (ž)	[malaːrɪe]
gangrena (f)	gangréna (ž)	[gangrɛːna]
enjoo (m)	mořská nemoc (ž)	[morʃskaː nɛmots]
epilepsia (f)	padoucnice (ž)	[padoutsnɪtsɛ]

epidemia (f)	epidemie (ž)	[ɛpɪdɛmɪe]
tifo (m)	tyf (m)	[tɪf]
tuberculose (f)	tuberkulóza (ž)	[tubɛrkuloːza]
cólera (f)	cholera (ž)	[xolɛra]
peste (f)	mor (m)	[mor]

64. Sintomas. Tratamentos. Parte 1

sintoma (m)	příznak (m)	[prʃiːznak]
temperatura (f)	teplota (ž)	[tɛplota]
febre (f)	vysoká teplota (ž)	[vɪsokaː tɛplota]
pulso (m)	tep (m)	[tɛp]

vertigem (f)	závrať (ž)	[zaːvratʲ]
quente (testa, etc.)	horký	[horkiː]
calafrio (m)	mrazení (s)	[mrazɛniː]
pálido	bledý	[blɛdiː]

tosse (f)	kašel (m)	[kaʃɛl]
tossir (vi)	kašlat	[kaʃlat]
espirrar (vi)	kýchat	[kiːxat]
desmaio (m)	mdloby (ž mn)	[mdlobɪ]
desmaiar (vi)	upadnout do mdlob	[upadnout do mdlop]

nódoa (f) negra	modřina (ž)	[modrʒɪna]
galo (m)	boule (ž)	[boulɛ]
magoar-se (vr)	uhodit se	[uhodɪt sɛ]
pisadura (f)	pohmožděnina (ž)	[pohmoʒdɛnɪna]
aleijar-se (vr)	uhodit se	[uhodɪt sɛ]

coxear (vi)	kulhat	[kulhat]
deslocação (f)	vykloubení (s)	[vɪkloubɛniː]
deslocar (vt)	vykloubit	[vɪkloubɪt]
fratura (f)	zlomenina (ž)	[zlomɛnɪna]
fraturar (vt)	dostat zlomeninu	[dostat zlomɛnɪnu]

corte (m)	říznutí (s)	[rʒiːznutiː]
cortar-se (vr)	říznout se	[rʒiːznout sɛ]
hemorragia (f)	krvácení (s)	[krvaːtsɛniː]

| queimadura (f) | popálenina (ż) | [popa:lɛnɪna] |
| queimar-se (vr) | spálit se | [spa:lɪt sɛ] |

picar (vt)	píchnout	[pi:xnout]
picar-se (vr)	píchnout se	[pi:xnout sɛ]
lesionar (vt)	pohmoždit	[pohmoʒdɪt]
lesão (m)	pohmoždění (s)	[pohmoʒdeni:]
ferida (f), ferimento (m)	rána (ż)	[ra:na]
trauma (m)	úraz (m)	[u:raz]

delirar (vi)	blouznit	[blouznɪt]
gaguejar (vi)	zajíkat se	[zaji:kat sɛ]
insolação (f)	úpal (m)	[u:pal]

65. Sintomas. Tratamentos. Parte 2

| dor (f) | bolest (ż) | [bolɛst] |
| farpa (no dedo) | tříska (ż) | [trʃi:ska] |

suor (m)	pot (m)	[pot]
suar (vi)	potit se	[potɪt sɛ]
vómito (m)	zvracení (s)	[zvraʦeni:]
convulsões (f pl)	křeče (ż mn)	[krʃɛʧɛ]

grávida	těhotná	[tehotna:]
nascer (vi)	narodit se	[narodɪt sɛ]
parto (m)	porod (m)	[porot]
dar à luz	rodit	[rodɪt]
aborto (m)	umělý potrat (m)	[umneli: potrat]

respiração (f)	dýchání (s)	[di:xa:ni:]
inspiração (f)	vdech (m)	[vdɛx]
expiração (f)	výdech (m)	[vi:dɛx]
expirar (vi)	vydechnout	[vɪdɛxnout]
inspirar (vi)	nadechnout se	[nadɛxnout sɛ]

inválido (m)	invalida (m)	[ɪnvalɪda]
aleijado (m)	mrzák (m)	[mrza:k]
toxicodependente (m)	narkoman (m)	[narkoman]

| surdo | hluchý | [hluxi:] |
| mudo | němý | [nemi:] |

louco (adj.)	šílený	[ʃi:lɛni:]
louco (m)	šílenec (m)	[ʃi:lɛnɛʦ]
louca (f)	šílenec (ż)	[ʃi:lɛnɛʦ]
ficar louco	zešílet	[zɛʃi:lɛt]

gene (m)	gen (m)	[gɛn]
imunidade (f)	imunita (ż)	[ɪmunɪta]
hereditário	dědičný	[dedɪʧni:]
congénito	vrozený	[vrozɛni:]
vírus (m)	virus (m)	[vɪrus]
micróbio (m)	mikrob (m)	[mɪkrop]

| bactéria (f) | baktérie (ž) | [baktɛ:rɪe] |
| infeção (f) | infekce (ž) | [ɪnfɛktsɛ] |

66. Sintomas. Tratamentos. Parte 3

| hospital (m) | nemocnice (ž) | [nɛmotsnɪtsɛ] |
| paciente (m) | pacient (m) | [patsɪent] |

diagnóstico (m)	diagnóza (ž)	[dɪagno:za]
cura (f)	léčení (s)	[lɛ:tʃɛni:]
tratamento (m) médico	léčba (ž)	[lɛ:tʃba]
curar-se (vr)	léčit se	[lɛ:tʃɪt sɛ]
tratar (vt)	léčit	[lɛ:tʃɪt]
cuidar (pessoa)	ošetřovat	[oʃɛtrʃovat]
cuidados (m pl)	ošetřování (s)	[oʃɛtrʃova:ni:]

operação (f)	operace (ž)	[opɛratsɛ]
enfaixar (vt)	obvázat	[obva:zat]
enfaixamento (m)	obvazování (s)	[obvazova:ni:]

vacinação (f)	očkování (s)	[otʃkova:ni:]
vacinar (vt)	dělat očkování	[delat otʃkova:ni:]
injeção (f)	injekce (ž)	[ɪnjɛktsɛ]
dar uma injeção	dávat injekci	[da:vat ɪnjɛktsɪ]

ataque (~ de asma, etc.)	záchvat (m)	[za:xvat]
amputação (f)	amputace (ž)	[amputatsɛ]
amputar (vt)	amputovat	[amputovat]
coma (f)	kóma (s)	[ko:ma]
estar em coma	být v kómatu	[bi:t v ko:matu]
reanimação (f)	reanimace (ž)	[rɛanɪmatsɛ]

recuperar-se (vr)	uzdravovat se	[uzdravovat sɛ]
estado (~ de saúde)	stav (m)	[staf]
consciência (f)	vědomí (s)	[vedomi:]
memória (f)	paměť (ž)	[pamnetⁱ]

tirar (vt)	trhat	[trhat]
chumbo (m), obturação (f)	plomba (ž)	[plomba]
chumbar, obturar (vt)	plombovat	[plombovat]

| hipnose (f) | hypnóza (ž) | [hɪpno:za] |
| hipnotizar (vt) | hypnotizovat | [hɪpnotɪzovat] |

67. Medicina. Drogas. Acessórios

medicamento (m)	lék (m)	[lɛ:k]
remédio (m)	prostředek (m)	[prostrʃɛdɛk]
receitar (vt)	předepsat	[prʒɛdɛpsat]
receita (f)	recept (m)	[rɛtsɛpt]
comprimido (m)	tableta (ž)	[tablɛta]
pomada (f)	mast (ž)	[mast]

ampola (f)	**ampule** (ž)	[ampulɛ]
preparado (m)	**mixtura** (ž)	[mɪkstura]
xarope (m)	**sirup** (m)	[sɪrup]
cápsula (f)	**pilulka** (ž)	[pɪlulka]
remédio (m) em pó	**prášek** (m)	[pra:ʃɛk]

ligadura (f)	**obvaz** (m)	[obvaz]
algodão (m)	**vata** (ž)	[vata]
iodo (m)	**jód** (m)	[jo:t]

penso (m) rápido	**leukoplast** (m)	[lɛukoplast]
conta-gotas (m)	**pipeta** (ž)	[pɪpɛta]
termómetro (m)	**teploměr** (m)	[tɛplomner]
seringa (f)	**injekční stříkačka** (ž)	[ɪnjɛktʃni: strʃi:katʃka]

cadeira (f) de rodas	**vozík** (m)	[vozi:k]
muletas (f pl)	**berle** (ž mn)	[bɛrlɛ]

analgésico (m)	**anestetikum** (s)	[anɛstɛtɪkum]
laxante (m)	**projímadlo** (s)	[proji:madlo]
álcool (m) etílico	**líh** (m)	[li:x]
ervas (f pl) medicinais	**bylina** (ž)	[bɪlɪna]
de ervas (chá ~)	**bylinný**	[bɪlɪnni:]

APARTAMENTO

68. Apartamento

apartamento (m)	byt (m)	[bɪt]
quarto (m)	pokoj (m)	[pokoj]
quarto (m) de dormir	ložnice (ž)	[loʒnɪtsɛ]
sala (f) de jantar	jídelna (ž)	[jiːdɛlna]
sala (f) de estar	přijímací pokoj (m)	[prʃɪjiːmatsi: pokoj]
escritório (m)	pracovna (ž)	[pratsovna]
antessala (f)	předsíň (ž)	[prʃɛtsiːnʲ]
quarto (m) de banho	koupelna (ž)	[koupɛlna]
toilette (lavabo)	záchod (m)	[zaːxot]
teto (m)	strop (m)	[strop]
chão, soalho (m)	podlaha (ž)	[podlaha]
canto (m)	kout (m)	[kout]

69. Mobiliário. Interior

mobiliário (m)	nábytek (m)	[naːbɪtɛk]
mesa (f)	stůl (m)	[stuːl]
cadeira (f)	židle (ž)	[ʒɪdlɛ]
cama (f)	lůžko (s)	[luːʃko]
divã (m)	pohovka (ž)	[pohofka]
cadeirão (m)	křeslo (s)	[krʃɛslo]
estante (f)	knihovna (ž)	[knɪhovna]
prateleira (f)	police (ž)	[polɪtsɛ]
guarda-vestidos (m)	skříň (ž)	[skrʃiːnʲ]
cabide (m) de parede	předsíňový věšák (m)	[prʃɛdsiːnovi veʃaːk]
cabide (m) de pé	stojanový věšák (m)	[stojanovi: veʃaːk]
cómoda (f)	prádelník (m)	[praːdɛlniːk]
mesinha (f) de centro	konferenční stolek (m)	[konfɛrɛntʃni: stolɛk]
espelho (m)	zrcadlo (s)	[zɪtsadlo]
tapete (m)	koberec (m)	[kobɛrɛts]
tapete (m) pequeno	kobereček (m)	[kobɛrɛtʃɛk]
lareira (f)	krb (m)	[krp]
vela (f)	svíce (ž)	[sviːtsɛ]
castiçal (m)	svícen (m)	[sviːtsɛn]
cortinas (f pl)	záclony (ž mn)	[zaːtslonɪ]
papel (m) de parede	tapety (ž mn)	[tapɛtɪ]

estores (f pl)	žaluzie (ž)	[ʒaluzɪe]
candeeiro (m) de mesa	stolní lampa (ž)	[stolni: lampa]
candeeiro (m) de parede	svítidlo (s)	[svi:tɪdlo]
candeeiro (m) de pé	stojací lampa (ž)	[stojaɪsi: lampa]
lustre (m)	lustr (m)	[lustr]

pé (de mesa, etc.)	noha (ž)	[noha]
braço (m)	područka (ž)	[podrutʃka]
costas (f pl)	opěradlo (s)	[operadlo]
gaveta (f)	zásuvka (ž)	[za:sufka]

70. Quarto de dormir

roupa (f) de cama	ložní prádlo (s)	[loʒni: pra:dlo]
almofada (f)	polštář (m)	[polʃta:rʃ]
fronha (f)	povlak (m) na polštář	[povlak na polʃta:rʒ]
cobertor (m)	deka (ž)	[dɛka]
lençol (m)	prostěradlo (s)	[prosteradlo]
colcha (f)	přikrývka (ž)	[prʃɪkri:fka]

71. Cozinha

cozinha (f)	kuchyně (ž)	[kuxɪne]
gás (m)	plyn (m)	[plɪn]
fogão (m) a gás	plynový sporák (m)	[plɪnovi: spora:k]
fogão (m) elétrico	elektrický sporák (m)	[ɛlɛktrɪtski: spora:k]
forno (m)	trouba (ž)	[trouba]
forno (m) de micro-ondas	mikrovlnná pec (ž)	[mɪkrovlnna: pɛts]

frigorífico (m)	lednička (ž)	[lɛdnɪtʃka]
congelador (m)	mrazicí komora (ž)	[mrazɪtsi: komora]
máquina (f) de lavar louça	myčka (ž) nádobí	[mɪtʃka na:dobi:]

moedor (m) de carne	mlýnek (m) na maso	[mli:nɛk na maso]
espremedor (m)	odšťavňovač	[otʃtʲavnʲovatʃ]
torradeira (f)	opékač (m) topinek	[opɛ:katʃ topɪnɛk]
batedeira (f)	mixér (m)	[mɪksɛ:r]

máquina (f) de café	kávovar (m)	[ka:vovar]
cafeteira (f)	konvice (ž) na kávu	[konvɪtsɛ na ka:vu]
moinho (m) de café	mlýnek (m) na kávu	[mli:nɛk na ka:vu]

chaleira (f)	čajník (m)	[tʃajni:k]
bule (m)	čajová konvice (ž)	[tʃajova: konvɪtsɛ]
tampa (f)	poklička (ž)	[poklɪtʃka]
coador (m) de chá	cedítko (s)	[tsɛdi:tko]

colher (f)	lžíce (ž)	[ʒi:tsɛ]
colher (f) de chá	kávová lžička (ž)	[ka:vova: ʒɪtʃka]
colher (f) de sopa	polévková lžíce (ž)	[polɛ:fkova: ʒi:tsɛ]
garfo (m)	vidlička (ž)	[vɪdlɪtʃka]
faca (f)	nůž (m)	[nu:ʃ]

louça (f)	nádobí (s)	[na:dobi:]
prato (m)	talíř (m)	[tali:rʃ]
pires (m)	talířek (m)	[tali:rʒɛk]

cálice (m)	sklenička (ž)	[sklɛnɪʧka]
copo (m)	sklenice (ž)	[sklɛnɪʦɛ]
chávena (f)	šálek (m)	[ʃa:lɛk]

açucareiro (m)	cukřenka (ž)	[ʦukrʃɛŋka]
saleiro (m)	solnička (ž)	[solnɪʧka]
pimenteiro (m)	pepřenka (ž)	[pɛprʃɛŋka]
manteigueira (f)	nádobka (ž) na máslo	[na:dopka na ma:slo]

panela, caçarola (f)	hrnec (m)	[hrnɛʦ]
frigideira (f)	pánev (ž)	[pa:nɛf]
concha (f)	naběračka (ž)	[naberaʧka]
passador (m)	cedník (m)	[ʦɛdni:k]
bandeja (f)	podnos (m)	[podnos]

garrafa (f)	láhev (ž)	[la:hɛf]
boião (m) de vidro	sklenice (ž)	[sklɛnɪʦɛ]
lata (f)	plechovka (ž)	[plɛxofka]

abre-garrafas (m)	otvírač (m) lahví	[otvi:raʧ lahvi:]
abre-latas (m)	otvírač (m) konzerv	[otvi:raʧ konzɛrf]
saca-rolhas (m)	vývrtka (ž)	[vi:vrtka]
filtro (m)	filtr (m)	[fɪltr]
filtrar (vt)	filtrovat	[fɪltrovat]

lixo (m)	odpadky (m mn)	[otpatki:]
balde (m) do lixo	kbelík (m) na odpadky	[gbɛli:k na otpatkɪ]

72. Casa de banho

quarto (m) de banho	koupelna (ž)	[koupɛlna]
água (f)	voda (ž)	[voda]
torneira (f)	kohout (m)	[kohout]
água (f) quente	teplá voda (ž)	[tɛpla: voda]
água (f) fria	studená voda (ž)	[studɛna: voda]

pasta (f) de dentes	zubní pasta (ž)	[zubni: pasta]
escovar os dentes	čistit si zuby	[ʧɪstɪt sɪ zubɪ]

barbear-se (vr)	holit se	[holɪt sɛ]
espuma (f) de barbear	pěna (ž) na holení	[pena na holɛni:]
máquina (f) de barbear	holicí strojek (m)	[holɪʦi: strojɛk]

lavar (vt)	mýt	[mi:t]
lavar-se (vr)	mýt se	[mi:t sɛ]
duche (m)	sprcha (ž)	[sprxa]
tomar um duche	sprchovat se	[sprxovat sɛ]

banheira (f)	vana (ž)	[vana]
sanita (f)	záchodová mísa (ž)	[za:xodova: mi:sa]

lavatório (m)	umývadlo (s)	[umi:vadlo]
sabonete (m)	mýdlo (m)	[mi:dlo]
saboneteira (f)	miska (ž) na mýdlo	[mɪska na mi:dlo]

esponja (f)	mycí houba (ž)	[mɪtsi: houba]
champô (m)	šampon (m)	[ʃampon]
toalha (f)	ručník (m)	[rutʃni:k]
roupão (m) de banho	župan (m)	[ʒupan]

lavagem (f)	praní (s)	[prani:]
máquina (f) de lavar	pračka (ž)	[pratʃka]
lavar a roupa	prát	[pra:t]
detergente (m)	prací prášek (m)	[pratsi: pra:ʃɛk]

73. Eletrodomésticos

televisor (m)	televizor (m)	[tɛlɛvɪzor]
gravador (m)	magnetofon (m)	[magnɛtofon]
videogravador (m)	videomagnetofon (m)	[vɪdɛomagnɛtofon]
rádio (m)	přijímač (m)	[prʃɪji:matʃ]
leitor (m)	přehrávač (m)	[prʃɛhra:vatʃ]

projetor (m)	projektor (m)	[projɛktor]
cinema (m) em casa	domácí biograf (m)	[doma:tsi: bɪograf]
leitor (m) de DVD	DVD přehrávač (m)	[dɛvɛdɛ prʃɛhra:vatʃ]
amplificador (m)	zesilovač (m)	[zɛsɪlovatʃ]
console (f) de jogos	hrací přístroj (m)	[hratsi: prʃi:stroj]

câmara (f) de vídeo	videokamera (ž)	[vɪdɛokamɛra]
máquina (f) fotográfica	fotoaparát (m)	[fotoapara:t]
câmara (f) digital	digitální fotoaparát (m)	[dɪgɪta:lni: fotoapara:t]

aspirador (m)	vysavač (m)	[vɪsavatʃ]
ferro (m) de engomar	žehlička (ž)	[ʒehlɪtʃka]
tábua (f) de engomar	žehlicí prkno (s)	[ʒehlɪtsi: prkno]

telefone (m)	telefon (m)	[tɛlɛfon]
telemóvel (m)	mobilní telefon (m)	[mobɪlni: tɛlɛfon]
máquina (f) de escrever	psací stroj (m)	[psatsi: stroj]
máquina (f) de costura	šicí stroj (m)	[ʃɪtsi: stroj]

microfone (m)	mikrofon (m)	[mɪkrofon]
auscultadores (m pl)	sluchátka (s mn)	[sluxa:tka]
controlo remoto (m)	ovládač (m)	[ovla:datʃ]

CD (m)	CD disk (m)	[tsɛ:dɛ: dɪsk]
cassete (f)	kazeta (ž)	[kazɛta]
disco (m) de vinil	deska (ž)	[dɛska]

A TERRA. TEMPO

74. Espaço sideral

cosmos (m)	kosmos (m)	[kosmos]
cósmico	kosmický	[kosmɪtski:]
espaço (m) cósmico	kosmický prostor (m)	[kosmɪtski: prostor]
mundo, universo (m)	vesmír (m)	[vɛsmi:r]
galáxia (f)	galaxie (ž)	[galaksɪe]
estrela (f)	hvězda (ž)	[hvezda]
constelação (f)	souhvězdí (s)	[souhvezdi:]
planeta (m)	planeta (ž)	[planɛta]
satélite (m)	družice (ž)	[druʒɪtsɛ]
meteorito (m)	meteorit (m)	[mɛtɛorɪt]
cometa (m)	kometa (ž)	[komɛta]
asteroide (m)	asteroid (m)	[astɛroɪt]
órbita (f)	oběžná dráha (ž)	[obeʒna: dra:ha]
girar (vi)	otáčet se	[ota:tʃɛt sɛ]
atmosfera (f)	atmosféra (ž)	[atmosfɛ:ra]
Sol (m)	Slunce (s)	[sluntsɛ]
Sistema (m) Solar	sluneční soustava (ž)	[slunɛtʃni: soustava]
eclipse (m) solar	sluneční zatmění (s)	[slunɛtʃni: zatmneni:]
Terra (f)	Země (ž)	[zɛmnɛ]
Lua (f)	Měsíc (m)	[mnesi:ts]
Marte (m)	Mars (m)	[mars]
Vénus (f)	Venuše (ž)	[vɛnuʃɛ]
Júpiter (m)	Jupiter (m)	[jupɪtɛr]
Saturno (m)	Saturn (m)	[saturn]
Mercúrio (m)	Merkur (m)	[mɛrkur]
Urano (m)	Uran (m)	[uran]
Neptuno (m)	Neptun (m)	[nɛptun]
Plutão (m)	Pluto (s)	[pluto]
Via Láctea (f)	Mléčná dráha (ž)	[mlɛ:tʃna: dra:ha]
Ursa Maior (f)	Velká medvědice (ž)	[vɛlka: mɛdvedɪtsɛ]
Estrela Polar (f)	Polárka (ž)	[pola:rka]
marciano (m)	Marťan (m)	[marťan]
extraterrestre (m)	mimozemšťan (m)	[mɪmozɛmʃťan]
alienígena (m)	vetřelec (m)	[vɛtrʃɛlɛts]
disco (m) voador	létající talíř (m)	[lɛ:taji:tsi tali:rʃ]
nave (f) espacial	kosmická loď (ž)	[kosmɪtska: loť]

| estação (f) orbital | orbitální stanice (ž) | [orbɪta:lni: stanɪʦɛ] |
| lançamento (m) | start (m) | [start] |

motor (m)	motor (m)	[motor]
bocal (m)	tryska (ž)	[trɪska]
combustível (m)	palivo (s)	[palɪvo]

cabine (f)	kabina (ž)	[kabɪna]
antena (f)	anténa (ž)	[antɛ:na]
vigia (f)	okénko (s)	[okɛ:ŋko]
bateria (f) solar	sluneční baterie (ž)	[slunɛʧni: batɛrɪe]
traje (m) espacial	skafandr (m)	[skafandr]

imponderabilidade (f)	beztížný stav (m)	[bɛzti:ʒni: staf]
oxigénio (m)	kyslík (m)	[kɪsli:k]
acoplagem (f)	spojení (s)	[spojɛni:]
fazer uma acoplagem	spojovat se	[spojovat sɛ]

observatório (m)	observatoř (ž)	[opsɛrvatorʃ]
telescópio (m)	teleskop (m)	[tɛlɛskop]
observar (vt)	pozorovat	[pozorovat]
explorar (vt)	zkoumat	[skoumat]

75. A Terra

Terra (f)	Země (ž)	[zɛmnɛ]
globo terrestre (Terra)	zeměkoule (ž)	[zɛmnekoulɛ]
planeta (m)	planeta (ž)	[planɛta]

atmosfera (f)	atmosféra (ž)	[atmosfɛ:ra]
geografia (f)	zeměpis (m)	[zɛmnepɪs]
natureza (f)	příroda (ž)	[prʃi:roda]

globo (mapa esférico)	glóbus (m)	[glo:bus]
mapa (m)	mapa (ž)	[mapa]
atlas (m)	atlas (m)	[atlas]

Europa (f)	Evropa (ž)	[ɛvropa]
Ásia (f)	Asie (ž)	[azɪe]
África (f)	Afrika (ž)	[afrɪka]
Austrália (f)	Austrálie (ž)	[austra:lɪe]

América (f)	Amerika (ž)	[amɛrɪka]
América (f) do Norte	Severní Amerika (ž)	[sɛvɛrni: amɛrɪka]
América (f) do Sul	Jižní Amerika (ž)	[jɪʒni: amɛrɪka]
Antártida (f)	Antarktida (ž)	[antarkti:da]
Ártico (m)	Arktida (ž)	[arktɪda]

76. Pontos cardeais

| norte (m) | sever (m) | [sɛvɛr] |
| para norte | na sever | [na sɛvɛr] |

no norte	na severu	[na sɛvɛru]
do norte	severní	[sɛvɛrni:]

sul (m)	jih (m)	[jɪx]
para sul	na jih	[na jɪx]
no sul	na jihu	[na jɪhu]
do sul	jižní	[jɪʒni:]

oeste, ocidente (m)	západ (m)	[za:pat]
para oeste	na západ	[na za:pat]
no oeste	na západě	[na za:pade]
ocidental	západní	[za:padni:]

leste, oriente (m)	východ (m)	[vi:xot]
para leste	na východ	[na vi:xot]
no leste	na východě	[na vi:xode]
oriental	východní	[vi:xodni:]

77. Mar. Oceano

mar (m)	moře (s)	[morʒɛ]
oceano (m)	oceán (m)	[oʦɛa:n]
golfo (m)	záliv (m)	[za:lɪf]
estreito (m)	průliv (m)	[pru:lɪf]

continente (m)	pevnina (ž)	[pɛvnɪna]
ilha (f)	ostrov (m)	[ostrof]
península (f)	poloostrov (m)	[poloostrof]
arquipélago (m)	souostroví (s)	[souostrovi:]

baía (f)	zátoka (ž)	[za:toka]
porto (m)	přístav (m)	[prʃi:staf]
lagoa (f)	laguna (ž)	[lagu:na]
cabo (m)	mys (m)	[mɪs]

atol (m)	atol (m)	[atol]
recife (m)	útes (m)	[u:tɛs]
coral (m)	korál (m)	[kora:l]
recife (m) de coral	korálový útes (m)	[kora:lovi: u:tɛs]

profundo	hluboký	[hluboki:]
profundidade (f)	hloubka (ž)	[hloupka]
abismo (m)	hlubina (ž)	[hlubɪna]
fossa (f) oceânica	prohlubeň (ž)	[prohlubɛnʲ]

corrente (f)	proud (m)	[prout]
banhar (vt)	omývat	[omi:vat]

litoral (m)	břeh (m)	[brʒɛx]
costa (f)	pobřeží (s)	[pobrʒɛʒi:]

maré (f) alta	příliv (m)	[prʃi:lɪf]
refluxo (m), maré (f) baixa	odliv (m)	[odlɪf]
restinga (f)	mělčina (ž)	[mnelʧɪna]

fundo (m)	dno (s)	[dno]
onda (f)	vlna (ž)	[vlna]
crista (f) da onda	hřbet (m) vlny	[hrʒbɛt vlnɪ]
espuma (f)	pěna (ž)	[pena]

tempestade (f)	bouřka (ž)	[bourʃka]
furacão (m)	hurikán (m)	[hurɪka:n]
tsunami (m)	tsunami (s)	[tsunamɪ]
calmaria (f)	bezvětří (s)	[bɛzvetrʃi:]
calmo	klidný	[klɪdni:]

polo (m)	pól (m)	[po:l]
polar	polární	[pola:rni:]

latitude (f)	šířka (ž)	[ʃi:rʃka]
longitude (f)	délka (ž)	[dɛ:lka]
paralela (f)	rovnoběžka (ž)	[rovnobeʃka]
equador (m)	rovník (m)	[rovni:k]

céu (m)	obloha (ž)	[obloha]
horizonte (m)	horizont (m)	[horɪzont]
ar (m)	vzduch (m)	[vzdux]

farol (m)	maják (m)	[maja:k]
mergulhar (vi)	potápět se	[pota:pet sɛ]
afundar-se (vr)	potopit se	[potopɪt sɛ]
tesouros (m pl)	bohatství (s)	[bohatstvi:]

78. Nomes de Mares e Oceanos

Oceano (m) Atlântico	Atlantický oceán (m)	[atlantɪtski: oʦɛa:n]
Oceano (m) Índico	Indický oceán (m)	[ɪndɪtski: oʦɛa:n]
Oceano (m) Pacífico	Tichý oceán (m)	[tɪxi: oʦɛa:n]
Oceano (m) Ártico	Severní ledový oceán (m)	[sɛvɛrni: lɛdovi: oʦɛa:n]

Mar (m) Negro	Černé moře (s)	[ʧɛrnɛ: morʒɛ]
Mar (m) Vermelho	Rudé moře (s)	[rudɛ: morʒɛ]
Mar (m) Amarelo	Žluté moře (s)	[ʒlutɛ: morʒɛ]
Mar (m) Branco	Bílé moře (s)	[bi:lɛ: morʒɛ]

Mar (m) Cáspio	Kaspické moře (s)	[kaspɪtskɛ: morʒɛ]
Mar (m) Morto	Mrtvé moře (s)	[mrtvɛ: morʒɛ]
Mar (m) Mediterrâneo	Středozemní moře (s)	[strʃɛdozɛmni: morʒɛ]

Mar (m) Egeu	Egejské moře (s)	[ɛgɛjskɛ: morʒɛ]
Mar (m) Adriático	Jaderské moře (s)	[jadɛrskɛ: morʒɛ]

Mar (m) Arábico	Arabské moře (s)	[arapskɛ: morʒɛ]
Mar (m) do Japão	Japonské moře (s)	[japonskɛ: morʒɛ]
Mar (m) de Bering	Beringovo moře (s)	[bɛrɪngovo morʒɛ]
Mar (m) da China Meridional	Jihočínské moře (s)	[jɪhoʧi:nskɛ: morʒɛ]

Mar (m) de Coral	Korálové moře (s)	[kora:lovɛ: morʒɛ]
Mar (m) de Tasman	Tasmanovo moře (s)	[tasmanovo morʒɛ]

Mar (m) do Caribe	Karibské moře (s)	[karɪpskɛ: morʒɛ]
Mar (m) de Barents	Barentsovo moře (s)	[barɛntsovo morʒɛ]
Mar (m) de Kara	Karské moře (s)	[karskɛ: morʒɛ]

Mar (m) do Norte	Severní moře (s)	[sɛvɛrni: morʒɛ]
Mar (m) Báltico	Baltské moře (s)	[baltskɛ: morʒɛ]
Mar (m) da Noruega	Norské moře (s)	[norskɛ: morʒɛ]

79. Montanhas

montanha (f)	hora (ž)	[hora]
cordilheira (f)	horské pásmo (s)	[horskɛ: pa:smo]
serra (f)	horský hřbet (m)	[horski: hrʒbɛt]

cume (m)	vrchol (m)	[vrxol]
pico (m)	štít (m)	[ʃti:t]
sopé (m)	úpatí (s)	[u:pati:]
declive (m)	svah (m)	[svax]

vulcão (m)	sopka (ž)	[sopka]
vulcão (m) ativo	činná sopka (ž)	[tʃɪnna: sopka]
vulcão (m) extinto	vyhaslá sopka (ž)	[vɪhasla: sopka]

erupção (f)	výbuch (m)	[vi:bux]
cratera (f)	kráter (m)	[kra:tɛr]
magma (m)	magma (ž)	[magma]

| lava (f) | láva (ž) | [la:va] |
| fundido (lava ~a) | rozžhavený | [rozʒhavɛni:] |

desfiladeiro (m)	kaňon (m)	[kanʲon]
garganta (f)	soutěska (ž)	[souteska]
fenda (f)	rozsedlina (ž)	[rozsɛdlɪna]

| passo, colo (m) | průsmyk (m) | [pru:smɪk] |
| planalto (m) | plató (s) | [plato:] |

| falésia (f) | skála (ž) | [ska:la] |
| colina (f) | kopec (m) | [kopɛts] |

| glaciar (m) | ledovec (m) | [lɛdovɛts] |
| queda (f) d'água | vodopád (m) | [vodopa:t] |

| géiser (m) | vřídlo (s) | [vrʒi:dlo] |
| lago (m) | jezero (s) | [jɛzɛro] |

planície (f)	rovina (ž)	[rovɪna]
paisagem (f)	krajina (ž)	[krajɪna]
eco (m)	ozvěna (ž)	[ozvena]

alpinista (m)	horolezec (m)	[horolɛzɛts]
escalador (m)	horolezec (m)	[horolɛzɛts]
conquistar (vt)	dobývat	[dobi:vat]
subida, escalada (f)	výstup (m)	[vi:stup]

80. Nomes de montanhas

Alpes (m pl)	Alpy (mn)	[alpɪ]
monte Branco (m)	Mont Blanc (m)	[monblaŋ]
Pirineus (m pl)	Pyreneje (mn)	[pɪrɛnɛjɛ]

Cárpatos (m pl)	Karpaty (mn)	[karpatɪ]
montes (m pl) Urais	Ural (m)	[ural]
Cáucaso (m)	Kavkaz (m)	[kafkaz]
Elbrus (m)	Elbrus (m)	[ɛlbrus]

Altai (m)	Altaj (m)	[altaj]
Tian Shan (m)	Ťan-šan (ž)	[tʲan-ʃan]
Pamir (m)	Pamír (m)	[pamiːr]
Himalaias (m pl)	Himaláje (mn)	[hɪmalaːjɛ]
monte (m) Everest	Mount Everest (m)	[mount ɛvɛrɛst]

| Cordilheira (f) dos Andes | Andy (mn) | [andɪ] |
| Kilimanjaro (m) | Kilimandžáro (s) | [kɪlɪmandʒaːro] |

81. Rios

rio (m)	řeka (ž)	[rʒɛka]
fonte, nascente (f)	pramen (m)	[pramɛn]
leito (m) do rio	koryto (s)	[korɪto]
bacia (f)	povodí (s)	[povodiː]
desaguar no ...	vlévat se	[vlɛːvat sɛ]

| afluente (m) | přítok (m) | [prʃiːtok] |
| margem (do rio) | břeh (m) | [brʒɛx] |

corrente (f)	proud (m)	[prout]
rio abaixo	po proudu	[po proudu]
rio acima	proti proudu	[protɪ proudu]

inundação (f)	povodeň (ž)	[povodɛnʲ]
cheia (f)	záplava (ž)	[zaːplava]
transbordar (vi)	rozlévat se	[rozlɛːvat sɛ]
inundar (vt)	zaplavovat	[zaplavovat]

| banco (m) de areia | mělčina (ž) | [mnɛltʃɪna] |
| rápidos (m pl) | peřej (ž) | [pɛrʒɛj] |

barragem (f)	přehrada (ž)	[prʃɛhrada]
canal (m)	průplav (m)	[pruːplaf]
reservatório (m) de água	vodní nádrž (ž)	[vodniː naːdrʃ]
eclusa (f)	zdymadlo (s)	[zdɪmadlo]

corpo (m) de água	vodojem (m)	[vodojɛm]
pântano (m)	bažina (ž)	[baʒɪna]
tremedal (m)	slať (ž)	[slatʲ]
remoinho (m)	vír (m)	[viːr]
arroio, regato (m)	potok (m)	[potok]

potável	pitný	[pɪtni:]
doce (água)	sladký	[slatki:]
gelo (m)	led (m)	[lɛt]
congelar-se (vr)	zamrznout	[zamrznout]

82. Nomes de rios

| rio Sena (m) | Seina (ž) | [se:na] |
| rio Loire (m) | Loira (ž) | [loa:ra] |

rio Tamisa (m)	Temže (ž)	[tɛmʒe]
rio Reno (m)	Rýn (m)	[ri:n]
rio Danúbio (m)	Dunaj (m)	[dunaj]

rio Volga (m)	Volha (ž)	[volha]
rio Don (m)	Don (m)	[don]
rio Lena (m)	Lena (ž)	[lɛna]

rio Amarelo (m)	Chuang-chež (ž)	[xuan-xɛ]
rio Yangtzé (m)	Jang-c'-ťiang (ž)	[jang-ʦɛ-tⁱang]
rio Mekong (m)	Mekong (m)	[mɛkong]
rio Ganges (m)	Ganga (ž)	[ganga]

rio Nilo (m)	Nil (m)	[nɪl]
rio Congo (m)	Kongo (s)	[kongo]
rio Cubango (m)	Okavango (s)	[okavango]
rio Zambeze (m)	Zambezi (ž)	[zambɛzɪ]
rio Limpopo (m)	Limpopo (s)	[lɪmpopo]
rio Mississípi (m)	Mississippi (ž)	[mɪsɪsɪpɪ]

83. Floresta

| floresta (f), bosque (m) | les (m) | [lɛs] |
| florestal | lesní | [lɛsni:] |

mata (f) cerrada	houština (ž)	[houʃtɪna]
arvoredo (m)	háj (m)	[ha:j]
clareira (f)	mýtina (ž)	[mi:tɪna]

| matagal (m) | houští (s) | [houʃti:] |
| mato (m) | křoví (s) | [krʃovi:] |

| vereda (f) | stezka (ž) | [stɛska] |
| ravina (f) | rokle (ž) | [roklɛ] |

árvore (f)	strom (m)	[strom]
folha (f)	list (m)	[lɪst]
folhagem (f)	listí (s)	[lɪsti:]

| queda (f) das folhas | padání (s) listí | [pada:ni: lɪsti:] |
| cair (vi) | opadávat | [opada:vat] |

topo (m)	vrchol (m)	[vrxol]
ramo (m)	větev (ž)	[vetɛf]
galho (m)	suk (m)	[suk]
botão, rebento (m)	pupen (m)	[pupɛn]
agulha (f)	jehla (ž)	[jɛhla]
pinha (f)	šiška (ž)	[ʃɪʃka]

buraco (m) de árvore	dutina (ž)	[dutɪna]
ninho (m)	hnízdo (s)	[hni:zdo]
toca (f)	doupě (s)	[doupe]

tronco (m)	kmen (m)	[kmɛn]
raiz (f)	kořen (m)	[korʒɛn]
casca (f) de árvore	kůra (ž)	[ku:ra]
musgo (m)	mech (m)	[mɛx]

arrancar pela raiz	klučit	[klutʃɪt]
cortar (vt)	kácet	[ka:tsɛt]
desflorestar (vt)	odlesnit	[odlesnɪt]
toco, cepo (m)	pařez (m)	[parʒɛz]

fogueira (f)	oheň (m)	[ohɛnʲ]
incêndio (m) florestal	požár (m)	[poʒa:r]
apagar (vt)	hasit	[hasɪt]

guarda-florestal (m)	hajný (m)	[hajni:]
proteção (f)	ochrana (ž)	[oxrana]
proteger (a natureza)	chránit	[xra:nɪt]
caçador (m) furtivo	pytlák (m)	[pɪtla:k]
armadilha (f)	past (ž)	[past]

| colher (cogumelos, bagas) | sbírat | [zbi:rat] |
| perder-se (vr) | zabloudit | [zablaudɪt] |

84. Recursos naturais

recursos (m pl) naturais	přírodní zdroje (m mn)	[prʃi:rodni: zdrojɛ]
minerais (m pl)	užitkové nerosty (m mn)	[uʒɪtkovɛ: nɛrostɪ]
depósitos (m pl)	ložisko (s)	[loʒɪsko]
jazida (f)	naleziště (s)	[nalezɪʃte]

extrair (vt)	dobývat	[dobi:vat]
extração (f)	těžba (ž)	[teʒba]
minério (m)	ruda (ž)	[ruda]
mina (f)	důl (m)	[du:l]
poço (m) de mina	šachta (ž)	[ʃaxta]
mineiro (m)	horník (m)	[horni:k]

| gás (m) | plyn (m) | [plɪn] |
| gasoduto (m) | plynovod (m) | [plɪnovot] |

petróleo (m)	ropa (ž)	[ropa]
oleoduto (m)	ropovod (m)	[ropovot]
poço (m) de petróleo	ropová věž (ž)	[ropova: veʃ]

| torre (f) petrolífera | vrtná věž (ž) | [vrtna: veʃ] |
| petroleiro (m) | tanková loď (ž) | [taŋkova: lotʲ] |

areia (f)	písek (m)	[pi:sɛk]
calcário (m)	vápenec (m)	[va:pɛnɛʦ]
cascalho (m)	štěrk (m)	[ʃterk]
turfa (f)	rašelina (ž)	[raʃɛlɪna]
argila (f)	hlína (ž)	[hli:na]
carvão (m)	uhlí (s)	[uhli:]

ferro (m)	železo (s)	[ʒelɛzo]
ouro (m)	zlato (s)	[zlato]
prata (f)	stříbro (s)	[strʃi:bro]
níquel (m)	nikl (m)	[nɪkl]
cobre (m)	měď (ž)	[mnetʲ]

zinco (m)	zinek (m)	[zɪnɛk]
manganês (m)	mangan (m)	[mangan]
mercúrio (m)	rtuť (ž)	[rtutʲ]
chumbo (m)	olovo (s)	[olovo]

mineral (m)	minerál (m)	[mɪnɛra:l]
cristal (m)	krystal (m)	[krɪstal]
mármore (m)	mramor (m)	[mramor]
urânio (m)	uran (m)	[uran]

85. Tempo

tempo (m)	počasí (s)	[potʃasi:]
previsão (f) do tempo	předpověď (ž) počasí	[prʃɛtpovetʲ potʃasi:]
temperatura (f)	teplota (ž)	[tɛplota]
termómetro (m)	teploměr (m)	[tɛplomner]
barómetro (m)	barometr (m)	[baromɛtr]

humidade (f)	vlhkost (ž)	[vlxkost]
calor (m)	horko (s)	[horko]
cálido	horký	[horki:]
está muito calor	horko	[horko]

| está calor | teplo | [tɛplo] |
| quente | teplý | [tɛpli:] |

| está frio | je zima | [jɛ zɪma] |
| frio | studený | [studɛni:] |

sol (m)	slunce (s)	[sluntsɛ]
brilhar (vi)	svítit	[svi:tɪt]
de sol, ensolarado	slunečný	[slunɛtʃni:]
nascer (vi)	vzejít	[vzɛji:t]
pôr-se (vr)	zapadnout	[zapadnout]

nuvem (f)	mrak (m)	[mrak]
nublado	oblačný	[oblatʃni:]
nuvem (f) preta	mračno (s)	[mratʃno]

escuro, cinzento	pochmurný	[poxmurni:]
chuva (f)	déšť (m)	[dɛ:ʃtⁱ]
está a chover	prší	[prʃi:]
chuvoso	deštivý	[dɛʃtɪvi:]
chuviscar (vi)	mrholit	[mrholɪt]

chuva (f) torrencial	liják (m)	[lɪja:k]
chuvada (f)	liják (m)	[lɪja:k]
forte (chuva)	silný	[sɪlni:]
poça (f)	kaluž (ž)	[kaluʃ]
molhar-se (vr)	moknout	[moknout]

nevoeiro (m)	mlha (ž)	[mlha]
de nevoeiro	mlhavý	[mlhavi:]
neve (f)	sníh (m)	[sni:x]
está a nevar	sněží	[sneʒi:]

86. Tempo extremo. Catástrofes naturais

trovoada (f)	bouřka (ž)	[bourʃka]
relâmpago (m)	blesk (m)	[blɛsk]
relampejar (vi)	blýskat se	[bli:skat sɛ]

trovão (m)	hřmění (s)	[hrʒmneni:]
trovejar (vi)	hřmít	[hrʒmi:t]
está a trovejar	hřmí	[hrʒmi:]

granizo (m)	kroupy (ž mn)	[kroupɪ]
está a cair granizo	padají kroupy	[padaji: kroupɪ]

inundar (vt)	zaplavit	[zaplavɪt]
inundação (f)	povodeň (ž)	[povodɛnʲ]

terremoto (m)	zemětřesení (s)	[zɛmnetrʃɛsɛni:]
abalo, tremor (m)	otřes (m)	[otrʃɛs]
epicentro (m)	epicentrum (s)	[ɛpɪʦɛntrum]

erupção (f)	výbuch (m)	[vi:bux]
lava (f)	láva (ž)	[la:va]

turbilhão (m)	smršť (ž)	[smrʃtⁱ]
tornado (m)	tornádo (s)	[torna:do]
tufão (m)	tajfun (m)	[tajfun]

furacão (m)	hurikán (m)	[hurɪka:n]
tempestade (f)	bouřka (ž)	[bourʃka]
tsunami (m)	tsunami (s)	[tsunamɪ]

ciclone (m)	cyklón (m)	[ʦiklo:n]
mau tempo (m)	nečas (m)	[nɛʧas]
incêndio (m)	požár (m)	[poʒa:r]
catástrofe (f)	katastrofa (ž)	[katastrofa]
meteorito (m)	meteorit (m)	[mɛtɛorɪt]
avalanche (f)	lavina (ž)	[lavɪna]

deslizamento (m) de neve	lavina (ż)	[lavɪna]
nevasca (f)	metelice (ż)	[mɛtɛlɪtsɛ]
tempestade (f) de neve	vánice (ż)	[va:nɪtsɛ]

FAUNA

87. Mamíferos. Predadores

predador (m)	šelma (ž)	[ʃɛlma]
tigre (m)	tygr (m)	[tɪgr]
leão (m)	lev (m)	[lɛf]
lobo (m)	vlk (m)	[vlk]
raposa (f)	liška (ž)	[lɪʃka]

jaguar (m)	jaguár (m)	[jaguaːr]
leopardo (m)	levhart (m)	[lɛvhart]
chita (f)	gepard (m)	[gɛpart]

pantera (f)	panter (m)	[pantɛr]
puma (m)	puma (ž)	[puma]
leopardo-das-neves (m)	pardál (m)	[pardaːl]
lince (m)	rys (m)	[rɪs]

coiote (m)	kojot (m)	[kojot]
chacal (m)	šakal (m)	[ʃakal]
hiena (f)	hyena (ž)	[hɪena]

88. Animais selvagens

| animal (m) | zvíře (s) | [zviːrʒɛ] |
| besta (f) | zvíře (s) | [zviːrʒɛ] |

esquilo (m)	veverka (ž)	[vɛvɛrka]
ouriço (m)	ježek (m)	[jɛʒek]
lebre (f)	zajíc (m)	[zajiːts]
coelho (m)	králík (m)	[kraːliːk]

texugo (m)	jezevec (m)	[jɛzɛvɛts]
guaxinim (m)	mýval (m)	[miːval]
hamster (m)	křeček (m)	[krʃɛtʃɛk]
marmota (f)	svišť (m)	[svɪʃtⁱ]

toupeira (f)	krtek (m)	[krtɛk]
rato (m)	myš (ž)	[mɪʃ]
ratazana (f)	krysa (ž)	[krɪsa]
morcego (m)	netopýr (m)	[nɛtopiːr]

arminho (m)	hranostaj (m)	[hranostaj]
zibelina (f)	sobol (m)	[sobol]
marta (f)	kuna (ž)	[kuna]
doninha (f)	lasice (ž)	[lasɪtsɛ]
vison (m)	norek (m)	[norɛk]

castor (m)	bobr (m)	[bobr]
lontra (f)	vydra (ž)	[vɪdra]
cavalo (m)	kůň (m)	[kuːnʲ]
alce (m)	los (m)	[los]
veado (m)	jelen (m)	[jɛlɛn]
camelo (m)	velbloud (m)	[vɛlblout]
bisão (m)	bizon (m)	[bɪzon]
auroque (m)	zubr (m)	[zubr]
búfalo (m)	buvol (m)	[buvol]
zebra (f)	zebra (ž)	[zɛbra]
antílope (m)	antilopa (ž)	[antɪlopa]
corça (f)	srnka (ž)	[srŋka]
gamo (m)	daněk (m)	[danek]
camurça (f)	kamzík (m)	[kamziːk]
javali (m)	vepř (m)	[vɛprʃ]
baleia (f)	velryba (ž)	[vɛlrɪba]
foca (f)	tuleň (m)	[tulɛnʲ]
morsa (f)	mrož (m)	[mroʃ]
urso-marinho (m)	lachtan (m)	[laxtan]
golfinho (m)	delfín (m)	[dɛlfiːn]
urso (m)	medvěd (m)	[mɛdvet]
urso (m) branco	bílý medvěd (m)	[biːli: mɛdvet]
panda (m)	panda (ž)	[panda]
macaco (em geral)	opice (ž)	[opɪʦɛ]
chimpanzé (m)	šimpanz (m)	[ʃɪmpanz]
orangotango (m)	orangutan (m)	[orangutan]
gorila (m)	gorila (ž)	[gorɪla]
macaco (m)	makak (m)	[makak]
gibão (m)	gibon (m)	[gɪbon]
elefante (m)	slon (m)	[slon]
rinoceronte (m)	nosorožec (m)	[nosoroʒeʦ]
girafa (f)	žirafa (ž)	[ʒɪrafa]
hipopótamo (m)	hroch (m)	[hrox]
canguru (m)	klokan (m)	[klokan]
coala (m)	koala (ž)	[koala]
mangusto (m)	promyka (ž) indická	[promɪka ɪndɪʦka:]
chinchila (m)	činčila (ž)	[ʧɪnʧɪla]
doninha-fedorenta (f)	skunk (m)	[skuŋk]
porco-espinho (m)	dikobraz (m)	[dɪkobras]

89. Animais domésticos

gata (f)	kočka (ž)	[koʧka]
gato (m) macho	kocour (m)	[koʦour]
cão (m)	pes (m)	[pɛs]

cavalo (m)	kůň (m)	[ku:nʲ]
garanhão (m)	hřebec (m)	[hrʒɛbɛts]
égua (f)	kobyla (ż)	[kobɪla]

vaca (f)	kráva (ż)	[kra:va]
touro (m)	býk (m)	[bi:k]
boi (m)	vůl (m)	[vu:l]

ovelha (f)	ovce (ż)	[ovtsɛ]
carneiro (m)	beran (m)	[bɛran]
cabra (f)	koza (ż)	[koza]
bode (m)	kozel (m)	[kozɛl]

| burro (m) | osel (m) | [osɛl] |
| mula (f) | mul (m) | [mul] |

porco (m)	prase (s)	[prasɛ]
leitão (m)	prasátko (s)	[prasa:tko]
coelho (m)	králík (m)	[kra:li:k]

| galinha (f) | slepice (ż) | [slɛpɪtsɛ] |
| galo (m) | kohout (m) | [kohout] |

pata (f)	kachna (ż)	[kaxna]
pato (macho)	kačer (m)	[katʃɛr]
ganso (m)	husa (ż)	[husa]

| peru (m) | krocan (m) | [krotsan] |
| perua (f) | krůta (ż) | [kru:ta] |

animais (m pl) domésticos	domácí zvířata (s mn)	[doma:tsi: zvi:rʒata]
domesticado	ochočený	[oxotʃɛni:]
domesticar (vt)	ochočovat	[oxotʃovat]
criar (vt)	chovat	[xovat]

quinta (f)	farma (ż)	[farma]
aves (f pl) domésticas	drůbež (ż)	[dru:bɛʃ]
gado (m)	dobytek (m)	[dobɪtɛk]
rebanho (m), manada (f)	stádo (s)	[sta:do]

estábulo (m)	stáj (ż)	[sta:j]
pocilga (f)	vepřín (m)	[vɛprʃi:n]
estábulo (m)	kravín (m)	[kravi:n]
coelheira (f)	králíkárna (ż)	[kra:li:ka:rna]
galinheiro (m)	kurník (m)	[kurni:k]

90. Pássaros

pássaro (m), ave (f)	pták (m)	[pta:k]
pombo (m)	holub (m)	[holup]
pardal (m)	vrabec (m)	[vrabɛts]
chapim-real (m)	sýkora (ż)	[si:kora]
pega-rabuda (f)	straka (ż)	[straka]
corvo (m)	havran (m)	[havran]

gralha (f) cinzenta	vrána (ž)	[vra:na]
gralha-de-nuca-cinzenta (f)	kavka (ž)	[kafka]
gralha-calva (f)	polní havran (m)	[polni: havran]

pato (m)	kachna (ž)	[kaxna]
ganso (m)	husa (ž)	[husa]
faisão (m)	bažant (m)	[baʒant]

águia (f)	orel (m)	[orɛl]
açor (m)	jestřáb (m)	[jɛstrʃa:p]
falcão (m)	sokol (m)	[sokol]
abutre (m)	sup (m)	[sup]
condor (m)	kondor (m)	[kondor]

cisne (m)	labuť (ž)	[labutʲ]
grou (m)	jeřáb (m)	[jɛrʒa:p]
cegonha (f)	čáp (m)	[tʃa:p]

papagaio (m)	papoušek (m)	[papouʃɛk]
beija-flor (m)	kolibřík (m)	[kolɪbrʒi:k]
pavão (m)	páv (m)	[pa:f]

avestruz (m)	pštros (m)	[pʃtros]
garça (f)	volavka (ž)	[volafka]
flamingo (m)	plameňák (m)	[plamɛnʲa:k]
pelicano (m)	pelikán (m)	[pɛlɪka:n]

| rouxinol (m) | slavík (m) | [slavi:k] |
| andorinha (f) | vlaštovka (ž) | [vlaʃtofka] |

tordo-zornal (m)	drozd (m)	[drozt]
tordo-músico (m)	zpěvný drozd (m)	[spevni: drozt]
melro-preto (m)	kos (m)	[kos]

andorinhão (m)	rorejs (m)	[rorɛjs]
cotovia (f)	skřivan (m)	[skrʃɪvan]
codorna (f)	křepel (m)	[krʃɛpɛl]

pica-pau (m)	datel (m)	[datɛl]
cuco (m)	kukačka (ž)	[kukatʃka]
coruja (f)	sova (ž)	[sova]
corujão, bufo (m)	výr (m)	[vi:r]
tetraz-grande (m)	tetřev (m) hlušec	[tɛtrʃɛv hluʃɛts]
tetraz-lira (m)	tetřev (m)	[tɛtrʃɛf]
perdiz-cinzenta (f)	koroptev (ž)	[koroptɛf]

estorninho (m)	špaček (m)	[ʃpatʃɛk]
canário (m)	kanár (m)	[kana:r]
galinha-do-mato (f)	jeřábek (m)	[jɛrʒa:bɛk]

| tentilhão (m) | pěnkava (ž) | [peŋkava] |
| dom-fafe (m) | hejl (m) | [hɛjl] |

gaivota (f)	racek (m)	[ratsɛk]
albatroz (m)	albatros (m)	[albatros]
pinguim (m)	tučňák (m)	[tutʃnʲa:k]

89

91. Peixes. Animais marinhos

brema (f)	cejn (m)	[ʦɛjn]
carpa (f)	kapr (m)	[kapr]
perca (f)	okoun (m)	[okoun]
siluro (m)	sumec (m)	[sumɛʦ]
lúcio (m)	štika (ž)	[ʃtɪka]

| salmão (m) | losos (m) | [losos] |
| esturjão (m) | jeseter (m) | [jɛsɛtɛr] |

arenque (m)	sleď (ž)	[slɛtʲ]
salmão (m)	losos (m)	[losos]
cavala, sarda (f)	makrela (ž)	[makrɛla]
solha (f)	platýs (m)	[plati:s]

lúcio perca (m)	candát (m)	[ʦanda:t]
bacalhau (m)	treska (ž)	[trɛska]
atum (m)	tuňák (m)	[tunʲa:k]
truta (f)	pstruh (m)	[pstrux]

enguia (f)	úhoř (m)	[u:horʃ]
raia elétrica (f)	rejnok (m) elektrický	[rɛjnok ɛlɛktrɪʦki:]
moreia (f)	muréna (ž)	[murɛ:na]
piranha (f)	piraňa (ž)	[pɪranʲja]

tubarão (m)	žralok (m)	[ʒralok]
golfinho (m)	delfín (m)	[dɛlfi:n]
baleia (f)	velryba (ž)	[vɛlrɪba]

caranguejo (m)	krab (m)	[krap]
medusa, alforreca (f)	medúza (ž)	[mɛdu:za]
polvo (m)	chobotnice (ž)	[xobotnɪʦɛ]

estrela-do-mar (f)	hvězdice (ž)	[hvezdɪʦɛ]
ouriço-do-mar (m)	ježovka (ž)	[jɛʒofka]
cavalo-marinho (m)	mořský koníček (m)	[morʃski: koni:ʧɛk]

ostra (f)	ústřice (ž)	[u:strʃɪʦɛ]
camarão (m)	kreveta (ž)	[krɛvɛta]
lavagante (m)	humr (m)	[humr]
lagosta (f)	langusta (ž)	[langusta]

92. Amfíbios. Répteis

| serpente, cobra (f) | had (m) | [hat] |
| venenoso | jedovatý | [jɛdovati:] |

víbora (f)	zmije (ž)	[zmɪjɛ]
cobra-capelo, naja (f)	kobra (ž)	[kobra]
pitão (m)	krajta (ž)	[krajta]
jiboia (f)	hroznýš (m)	[hrozni:ʃ]
cobra-de-água (f)	užovka (ž)	[uʒofka]

| cascavel (f) | chřestýš (m) | [xrʃɛsti:ʃ] |
| anaconda (f) | anakonda (ž) | [anakonda] |

lagarto (m)	ještěrka (ž)	[jɛʃterka]
iguana (f)	leguán (m)	[lɛguaːn]
varano (m)	varan (m)	[varan]
salamandra (f)	mlok (m)	[mlok]
camaleão (m)	chameleón (m)	[xamɛlɛoːn]
escorpião (m)	štír (m)	[ʃtiːr]

tartaruga (f)	želva (ž)	[ʒelva]
rã (f)	žába (ž)	[ʒaːba]
sapo (m)	ropucha (ž)	[ropuxa]
crocodilo (m)	krokodýl (m)	[krokodiːl]

93. Insetos

inseto (m)	hmyz (m)	[hmɪz]
borboleta (f)	motýl (m)	[motiːl]
formiga (f)	mravenec (m)	[mravɛnɛts]
mosca (f)	moucha (ž)	[mouxa]
mosquito (m)	komár (m)	[komaːr]
escaravelho (m)	brouk (m)	[brouk]

vespa (f)	vosa (ž)	[vosa]
abelha (f)	včela (ž)	[vtʃɛla]
mamangava (f)	čmelák (m)	[tʃmɛlaːk]
moscardo (m)	střeček (m)	[strʃɛtʃɛk]

| aranha (f) | pavouk (m) | [pavouk] |
| teia (f) de aranha | pavučina (ž) | [pavutʃɪna] |

libélula (f)	vážka (ž)	[vaːʃka]
gafanhoto-do-campo (m)	kobylka (ž)	[kobɪlka]
traça (f)	motýl (m)	[motiːl]

barata (f)	šváb (m)	[ʃvaːp]
carraça (f)	klíště (s)	[kliːʃte]
pulga (f)	blecha (ž)	[blɛxa]
borrachudo (m)	muška (ž)	[muʃka]

gafanhoto (m)	saranče (ž)	[sarantʃɛ]
caracol (m)	hlemýžď (m)	[hlɛmiːʒtʲ]
grilo (m)	cvrček (m)	[tsvrtʃɛk]
pirilampo (m)	svatojánská muška (ž)	[svatojaːnska: muʃka]
joaninha (f)	slunéčko (s) sedmitečné	[slunɛːtʃko sɛdmɪtɛtʃnɛ:]
besouro (m)	chroust (m)	[xroust]

sanguessuga (f)	piavice (ž)	[pɪavɪtsɛ]
lagarta (f)	housenka (ž)	[housɛŋka]
minhoca (f)	červ (m)	[tʃɛrʃ]
larva (f)	larva (ž)	[larva]

FLORA

94. Árvores

árvore (f)	strom (m)	[strom]
decídua	listnatý	[lɪstnati:]
conífera	jehličnatý	[jɛhlɪʧnati:]
perene	stálezelená	[sta:lɛzɛlɛna:]
macieira (f)	jabloň (ž)	[jablonʲ]
pereira (f)	hruška (ž)	[hruʃka]
cerejeira (f)	třešně (ž)	[trʃɛʃne]
ginjeira (f)	višně (ž)	[vɪʃne]
ameixeira (f)	švestka (ž)	[ʃvɛstka]
bétula (f)	bříza (ž)	[brʒi:za]
carvalho (m)	dub (m)	[dup]
tília (f)	lípa (ž)	[li:pa]
choupo-tremedor (m)	osika (ž)	[osɪka]
bordo (m)	javor (m)	[javor]
espruce-europeu (m)	smrk (m)	[smrk]
pinheiro (m)	borovice (ž)	[borovɪtsɛ]
alerce, lariço (m)	modřín (m)	[modrʒi:n]
abeto (m)	jedle (ž)	[jɛdlɛ]
cedro (m)	cedr (m)	[ʦɛdr]
choupo, álamo (m)	topol (m)	[topol]
tramazeira (f)	jeřáb (m)	[jɛrʒa:p]
salgueiro (m)	jíva (ž)	[ji:va]
amieiro (m)	olše (ž)	[olʃɛ]
faia (f)	buk (m)	[buk]
ulmeiro (m)	jilm (m)	[jɪlm]
freixo (m)	jasan (m)	[jasan]
castanheiro (m)	kaštan (m)	[kaʃtan]
magnólia (f)	magnólie (ž)	[magno:lɪe]
palmeira (f)	palma (ž)	[palma]
cipreste (m)	cypřiš (m)	[ʦɪprʃɪʃ]
mangue (m)	mangróvie (ž)	[mangro:vɪe]
embondeiro, baobá (m)	baobab (m)	[baobap]
eucalipto (m)	eukalypt (m)	[ɛukalɪpt]
sequoia (f)	sekvoje (ž)	[sɛkvojɛ]

95. Arbustos

arbusto (m)	keř (m)	[kɛrʃ]
arbusto (m), moita (f)	křoví (s)	[krʃovi:]

videira (f)	vinná réva (s)	[vɪnna: re:va]
vinhedo (m)	vinice (ž)	[vɪnɪʧɛ]

framboeseira (f)	maliny (ž mn)	[malɪnɪ]
groselheira-vermelha (f)	červený rybíz (m)	[ʧɛrvɛni: rɪbi:z]
groselheira (f) espinhosa	angrešt (m)	[angrɛʃt]

acácia (f)	akácie (ž)	[aka:ʦɪe]
bérberis (f)	dřišťál (m)	[drʒɪʃtʲa:l]
jasmim (m)	jasmín (m)	[jasmi:n]

junípero (m)	jalovec (m)	[jalovɛʦ]
roseira (f)	růžový keř (m)	[ru:ʒovi: kɛrʃ]
roseira (f) brava	šípek (m)	[ʃi:pɛk]

96. Frutos. Bagas

maçã (f)	jablko (s)	[jablko]
pera (f)	hruška (ž)	[hruʃka]
ameixa (f)	švestka (ž)	[ʃvɛstka]
morango (m)	zahradní jahody (ž mn)	[zahradni: jahodɪ]
ginja (f)	višně (ž)	[vɪʃne]
cereja (f)	třešně (ž mn)	[trʃɛʃne]
uva (f)	hroznové víno (s)	[hroznovɛ: vi:no]

framboesa (f)	maliny (ž mn)	[malɪnɪ]
groselha (f) preta	černý rybíz (m)	[ʧɛrni: rɪbi:z]
groselha (f) vermelha	červený rybíz (m)	[ʧɛrvɛni: rɪbi:z]
groselha (f) espinhosa	angrešt (m)	[angrɛʃt]
oxicoco (m)	klikva (ž)	[klɪkva]
laranja (f)	pomeranč (m)	[pomɛranʧ]
tangerina (f)	mandarinka (ž)	[mandarɪŋka]
ananás (m)	ananas (m)	[ananas]
banana (f)	banán (m)	[bana:n]
tâmara (f)	datle (ž)	[datlɛ]

limão (m)	citrón (m)	[ʦɪtro:n]
damasco (m)	meruňka (ž)	[mɛrunʲka]
pêssego (m)	broskev (ž)	[broskɛf]
kiwi (m)	kiwi (s)	[kɪvɪ]
toranja (f)	grapefruit (m)	[grɛjpfru:t]

baga (f)	bobule (ž)	[bobulɛ]
bagas (f pl)	bobule (ž mn)	[bobulɛ]
arando (m) vermelho	brusinky (ž mn)	[brusɪŋkɪ]
morango-silvestre (m)	jahody (ž mn)	[jahodɪ]
mirtilo (m)	borůvky (ž mn)	[boru:fkɪ]

97. Flores. Plantas

flor (f)	květina (ž)	[kvetɪna]
ramo (m) de flores	kytice (ž)	[kɪtɪʦɛ]

rosa (f)	růže (ž)	[ru:ʒe]
tulipa (f)	tulipán (m)	[tulɪpa:n]
cravo (m)	karafiát (m)	[karafɪa:t]
gladíolo (m)	mečík (m)	[mɛtʃi:k]

centáurea (f)	chrpa (ž)	[xrpa]
campânula (f)	zvoneček (m)	[zvonɛtʃɛk]
dente-de-leão (m)	pampeliška (ž)	[pampɛlɪʃka]
camomila (f)	heřmánek (m)	[hɛrʒma:nɛk]

aloé (m)	aloe (s)	[alоɛ]
cato (m)	kaktus (m)	[kaktus]
fícus (m)	fíkus (m)	[fi:kus]

lírio (m)	lilie (ž)	[lɪlɪe]
gerânio (m)	geránie (ž)	[gera:nɪe]
jacinto (m)	hyacint (m)	[hɪatsɪnt]

mimosa (f)	citlivka (ž)	[tsɪtlɪfka]
narciso (m)	narcis (m)	[nartsɪs]
capuchinha (f)	potočnice (ž)	[pototʃnɪtsɛ]

orquídea (f)	orchidej (ž)	[orxɪdɛj]
peónia (f)	pivoňka (ž)	[pɪvonʲka]
violeta (f)	fialka (ž)	[fɪalka]

amor-perfeito (m)	maceška (ž)	[matsɛʃka]
não-me-esqueças (m)	pomněnka (ž)	[pomneŋka]
margarida (f)	sedmikráska (ž)	[sɛdmɪkra:ska]

papoula (f)	mák (m)	[ma:k]
cânhamo (m)	konopě (ž)	[konope]
hortelã (f)	máta (ž)	[ma:ta]

| lírio-do-vale (m) | konvalinka (ž) | [konvalɪŋka] |
| campânula-branca (f) | sněženka (ž) | [sneʒeŋka] |

urtiga (f)	kopřiva (ž)	[koprʃɪva]
azeda (f)	šťovík (m)	[ʃtʲovi:k]
nenúfar (m)	leknín (m)	[lɛkni:n]
feto (m), samambaia (f)	kapradí (s)	[kapradi:]
líquen (m)	lišejník (m)	[lɪʃɛjni:k]

estufa (f)	oranžérie (ž)	[oranʒe:rɪe]
relvado (m)	trávník (m)	[tra:vni:k]
canteiro (m) de flores	květinový záhonek (m)	[kvetɪnovi: za:honɛk]

planta (f)	rostlina (ž)	[rostlɪna]
erva (f)	tráva (ž)	[tra:va]
folha (f) de erva	stéblo (s) trávy	[stɛ:blo tra:vɪ]

folha (f)	list (m)	[lɪst]
pétala (f)	okvětní lístek (m)	[okvetni: li:stɛk]
talo (m)	stéblo (s)	[stɛ:blo]
tubérculo (m)	hlíza (ž)	[hli:za]
broto, rebento (m)	výhonek (m)	[vi:honɛk]

espinho (m)	osten (m)	[ostɛn]
florescer (vi)	kvést	[kvɛ:st]
murchar (vi)	vadnout	[vadnout]
cheiro (m)	vůně (ž)	[vu:ne]
cortar (flores)	uříznout	[urʒi:znout]
colher (uma flor)	utrhnout	[utrhnout]

98. Cereais, grãos

grão (m)	obilí (s)	[obɪli:]
cereais (plantas)	obilniny (ž mn)	[obɪlnɪnɪ]
espiga (f)	klas (m)	[klas]

trigo (m)	pšenice (ž)	[pʃɛnɪʦɛ]
centeio (m)	žito (s)	[ʒɪto]
aveia (f)	oves (m)	[ovɛs]
milho-miúdo (m)	jáhly (ž mn)	[ja:hlɪ]
cevada (f)	ječmen (m)	[jɛʧmɛn]

milho (m)	kukuřice (ž)	[kukurʒɪʦɛ]
arroz (m)	rýže (ž)	[ri:ʒe]
trigo-sarraceno (m)	pohanka (ž)	[pohaŋka]

ervilha (f)	hrách (m)	[hra:x]
feijão (m)	fazole (ž)	[fazolɛ]
soja (f)	sója (ž)	[so:ja]
lentilha (f)	čočka (ž)	[ʧoʧka]
fava (f)	boby (m mn)	[bobɪ]

PAÍSES DO MUNDO

99. Países. Parte 1

Afeganistão (m)	Afghánistán (m)	[afga:nɪsta:n]
África do Sul (f)	Jihoafrická republika (ž)	[jɪhoafrɪʦka: rɛpublɪka]
Albânia (f)	Albánie (ž)	[alba:nɪe]
Alemanha (f)	Německo (s)	[nemɛʦsko]
Arábia (f) Saudita	Saúdská Arábie (ž)	[sau:dska: ara:bɪe]
Argentina (f)	Argentina (ž)	[argɛntɪna]
Arménia (f)	Arménie (ž)	[armɛ:nɪe]

Austrália (f)	Austrálie (ž)	[austra:lɪe]
Áustria (f)	Rakousko (s)	[rakousko]
Azerbaijão (m)	Ázerbájdžán (m)	[a:zɛrba:jʤa:n]
Bahamas (f pl)	Bahamy (ž mn)	[bahamɪ]
Bangladesh (m)	Bangladéš (m)	[bangladɛ:ʃ]
Bélgica (f)	Belgie (ž)	[bɛlgɪe]
Bielorrússia (f)	Bělorusko (s)	[belorusko]

Bolívia (f)	Bolívie (ž)	[boli:vɪe]
Bósnia e Herzegovina (f)	Bosna a Hercegovina (ž)	[bosna a hɛrʦsɛgovɪna]
Brasil (m)	Brazílie (ž)	[brazi:lɪe]
Bulgária (f)	Bulharsko (s)	[bulharsko]
Camboja (f)	Kambodža (ž)	[kambodʒa]
Canadá (m)	Kanada (ž)	[kanada]
Cazaquistão (m)	Kazachstán (m)	[kazaxsta:n]

Chile (m)	Chile (s)	[ʧɪlɛ]
China (f)	Čína (ž)	[ʧi:na]
Chipre (m)	Kypr (m)	[kɪpr]
Colômbia (f)	Kolumbie (ž)	[kolumbɪe]
Coreia do Norte (f)	Severní Korea (ž)	[severni: korɛa]
Coreia do Sul (f)	Jižní Korea (ž)	[jɪʒni: korɛa]
Croácia (f)	Chorvatsko (s)	[xorvatsko]

Cuba (f)	Kuba (ž)	[kuba]
Dinamarca (f)	Dánsko (s)	[da:nsko]
Egito (m)	Egypt (m)	[ɛgɪpt]
Emirados Árabes Unidos	Spojené arabské emiráty (m mn)	[spojɛnɛ: arapskɛ: ɛmɪra:tɪ]

| Equador (m) | Ekvádor (m) | [ɛkva:dor] |
| Escócia (f) | Skotsko (s) | [skotsko] |

Eslováquia (f)	Slovensko (s)	[slovɛnsko]
Eslovénia (f)	Slovinsko (s)	[slovɪnsko]
Espanha (f)	Španělsko (s)	[ʃpanelsko]
Estados Unidos da América	Spojené státy (m mn) americké	[spojɛnɛ: sta:tɪ amɛrɪʦkɛ:]
Estónia (f)	Estonsko (s)	[ɛstonsko]

| Finlândia (f) | Finsko (s) | [fɪnsko] |
| França (f) | Francie (ž) | [frantsɪe] |

100. Países. Parte 2

Gana (f)	Ghana (ž)	[gana]
Geórgia (f)	Gruzie (ž)	[gruzɪe]
Grã-Bretanha (f)	Velká Británie (ž)	[vɛlkaː brɪtaːnɪe]
Grécia (f)	Řecko (s)	[rʒɛtsko]
Haiti (m)	Haiti (s)	[haɪtɪ]
Hungria (f)	Maďarsko (s)	[madʲarsko]
Índia (f)	Indie (ž)	[ɪndɪe]

Indonésia (f)	Indonésie (ž)	[ɪndonɛːzɪe]
Inglaterra (f)	Anglie (ž)	[anglɪe]
Irão (m)	Írán (m)	[iːraːn]
Iraque (m)	Irák (m)	[ɪraːk]
Irlanda (f)	Irsko (s)	[ɪrsko]
Islândia (f)	Island (m)	[ɪslant]
Israel (m)	Izrael (m)	[ɪzraɛl]

Itália (f)	Itálie (ž)	[ɪtaːlɪe]
Jamaica (f)	Jamajka (ž)	[jamajka]
Japão (m)	Japonsko (s)	[japonsko]
Jordânia (f)	Jordánsko (s)	[jordaːnsko]
Kuwait (m)	Kuvajt (m)	[kuvajt]

| Laos (m) | Laos (m) | [laos] |
| Letónia (f) | Lotyšsko (s) | [lotɪʃsko] |

Líbano (m)	Libanon (m)	[lɪbanon]
Líbia (f)	Libye (ž)	[lɪbɪe]
Liechtenstein (m)	Lichtenštejnsko (s)	[lɪxtɛnʃtɛjnsko]
Lituânia (f)	Litva (ž)	[lɪtva]
Luxemburgo (m)	Lucembursko (s)	[lutsɛmbursko]

| Macedónia (f) | Makedonie (ž) | [makɛdonɪe] |
| Madagáscar (m) | Madagaskar (m) | [madagaskar] |

Malásia (f)	Malajsie (ž)	[malajzɪe]
Malta (f)	Malta (ž)	[malta]
Marrocos	Maroko (s)	[maroko]
México (m)	Mexiko (s)	[mɛksɪko]
Myanmar (m), Birmânia (f)	Barma (ž)	[barma]

| Moldávia (f) | Moldavsko (s) | [moldavsko] |
| Mónaco (m) | Monako (s) | [monako] |

Mongólia (f)	Mongolsko (s)	[mongolsko]
Montenegro (m)	Černá Hora (ž)	[ʧɛrnaː hora]
Namíbia (f)	Namibie (ž)	[namɪbɪe]
Nepal (m)	Nepál (m)	[nɛpaːl]
Noruega (f)	Norsko (s)	[norsko]
Nova Zelândia (f)	Nový Zéland (m)	[noviː zɛːlant]

101. Países. Parte 3

Países (m pl) Baixos	Nizozemí (s)	[nɪzozɛmiː]
Palestina (f)	Palestinská autonomie (ž)	[palɛstɪnska: autonomɪe]
Panamá (m)	Panama (ž)	[panama]
Paquistão (m)	Pákistán (m)	[paːkɪstaːn]
Paraguai (m)	Paraguay (ž)	[paragvaj]
Peru (m)	Peru (s)	[pɛru]
Polinésia Francesa (f)	Francouzská Polynésie (ž)	[frantsouska: polɪnɛːzɪe]

Polónia (f)	Polsko (s)	[polsko]
Portugal (m)	Portugalsko (s)	[portugalsko]
Quénia (f)	Keňa (ž)	[kɛnʲa]
Quirguistão (m)	Kyrgyzstán (m)	[kɪrgɪstaːn]
República (f) Checa	Česko (s)	[tʃɛsko]
República (f) Dominicana	Dominikánská republika (ž)	[domɪnɪkaːnska: rɛpublɪka]
Roménia (f)	Rumunsko (s)	[rumunsko]

Rússia (f)	Rusko (s)	[rusko]
Senegal (m)	Senegal (m)	[sɛnɛgal]
Sérvia (f)	Srbsko (s)	[srpsko]
Síria (f)	Sýrie (ž)	[siːrɪe]
Suécia (f)	Švédsko (s)	[ʃvɛːtsko]
Suíça (f)	Švýcarsko (s)	[ʃviːtsarsko]
Suriname (m)	Surinam (m)	[surɪnam]

Tailândia (f)	Thajsko (s)	[tajsko]
Taiwan (m)	Tchaj-wan (m)	[tajvan]
Tajiquistão (m)	Tádžikistán (m)	[taːdʒɪkɪstaːn]
Tanzânia (f)	Tanzanie (ž)	[tanzanɪe]
Tasmânia (f)	Tasmánie (ž)	[tasmaːnɪe]
Tunísia (f)	Tunisko (s)	[tunɪsko]
Turquemenistão (m)	Turkmenistán (m)	[turkmɛnɪstaːn]

Turquia (f)	Turecko (s)	[turɛtsko]
Ucrânia (f)	Ukrajina (ž)	[ukrajɪna]
Uruguai (m)	Uruguay (ž)	[urugvaj]
Uzbequistão (f)	Uzbekistán (m)	[uzbɛkɪstaːn]
Vaticano (m)	Vatikán (m)	[vatɪkaːn]
Venezuela (f)	Venezuela (ž)	[vɛnɛzuɛla]
Vietname (m)	Vietnam (m)	[vjɛtnam]
Zanzibar (m)	Zanzibar (m)	[zanzɪbar]